2023 年度江苏省教育科学规划委托课题研究成果

为了老年人培养

——基于常州老年大学的视角

王亮伟　周　苗 主编

浙江工商大学 出版社

ZHEJIANG GONGSHANG UNIVERSITY PRESS

·杭州·

图书在版编目（CIP）数据

为了老年人培养：基于常州老年大学的视角 / 王亮
伟，周苗主编. -- 杭州 ：浙江工商大学出版社，2024.
10. -- ISBN 978-7-5178-6196-6

Ⅰ. G777

中国国家版本馆 CIP 数据核字第 20243TR655 号

为了老年人培养——基于常州老年大学的视角

WEI LE LAONIANREN PEIYANG——JIYU CHANGZHOU LAONIAN DAXUE DE SHIJIAO

王亮伟　　周　苗主编

责任编辑	沈明珠
责任校对	韩新严
封面设计	望宸文化
责任印制	祝希茜
出版发行	浙江工商大学出版社
	（杭州市教工路 198 号　邮政编码 310012）
	（E-mail：zjgsupress@163.com）
	（网址：http://www.zjgsupress.com）
	电话：0571-88904980，88831806（传真）
排　　版	杭州朝曦图文设计有限公司
印　　刷	杭州高腾印务有限公司
开　　本	710mm×1000mm　1/16
印　　张	21
字　　数	242 千
版 印 次	2024 年 10 月第 1 版　2024 年 10 月第 1 次印刷
书　　号	ISBN 978-7-5178-6196-6
定　　价	75.00 元

本书编委

主　编：王亮伟　周　苗

主　审：张金富　丁　皓

撰稿者（以姓氏笔画为序）：

丁　皓　丁晨玥　王文倩　王亮伟

朱　军　李秉璋　陈　朦　范炎培

周　苗　施晓征　姚梦婕　夏　芸

徐晨钰　高燕婷　蔡　薇　薛二伟

魏　平

目 录

绪 论

第一章　建设标准化

第二章　课程系统化

第三章 校园人文化

第四章 教师专业化

第五章 教学规范化

第六章　教材多元化

第七章　办学集团化

第八章　视野国际化

绪　论

老年大学回归教育本源的若干问题

——兼论老年教育培养功能及其培养规格

王亮伟

一、问题的提起

教育是培养人的社会活动。该命题如果放在普通教育、职业教育和高等教育中，人们比较好理解，但要落地到老年大学，许多人就很难认同了。老年人退休就意味着退出社会劳动岗位，退出社会分工领域，还需培养吗？如果说要培养，那么为谁培养？培养什么？培养了派何用场？可以预料到，业内外人士都会提出种种质疑。在老年教育研究领域，在剖析老年大学现实问题时，人们往往较多涉及的是老年教育立法、体制、资源、管理、师资和课程等，固然这些都是比较重要的，但大家唯独回避了老年教育的本质，即"学校是教育人、培养人的地方"。

提出这一问题，是因为老年大学受到一些社会力量的干扰和来自其他方面包括老年人自己的影响，已经在一定程度上偏离了它应有的发展方向和轨道，偏离了自身发展的规律。老年教育与其他教育类型一样，一旦走上功利化道路，就很难独善其身，很难健康持续发展,很难办出社会欢迎的学校。尽管老年教育与其他教育类型一样,对人的发展作用并不是万能的,因为人的发展是一个极其复杂的过程,影响人的发展的因素很多,何况老年人的世界观、价值观早已基本定型。但有一点是肯定的,老年大学能够影响老年人的终身发展,这是一个重要因素。如果老年教育不走进老年人的精神世界,不与老年朋友的心灵面对面,我们就无法给予老年人最真实的生命教育,那老年教育就只是一个缺少生机与活力的知识世界,只是一个没有灵魂徒有外表的生活世界。

因此,亟须来个正本清源,帮助大家正确而全面地认识老年教育的本源,明确老年教育的培养功能及其培养规格,从而促进老年大学的健康持续发展。

二、教育和老年教育的本源

本源,在汉语中一般指源头,借指事物的根源、起源;也指根本,指事物的最重要方面。"教育"这个词在拉丁文中的原意是"引出",即把一个真正的人引出来、塑造出来。教育之本,实际上就是培养、塑造人的一种存在方式。

(一)教育的本源在于强调教育是培养人的一种社会活动

教育是培养人的。其理由是:第一,教育是把自然人转化为社会人的过程。这个过程伴随人的一生,贯穿人的整个生命过程。俗话说的"生命不息,学习不止""活到老,学到老"就是这个道理。第二,教育培养人是有意识、有目的、自觉地进行的。尽管其他社会现象对人的发展也有影响,如社会生产对人的发展影响很大,但它不是自觉地、有目的地影响人的发展。尽管老年大学属非正规教育中的继续教育,但它却是有意识、有目的、自觉地进行教育活动。第三,在教育培养人的活动中,存在着教育者、受教育者以及教育内容三种要素之间的矛盾运动。老年大学中既有教师和学生,还有正规的课程,三种要素客观存在,教育的两大法则"有教无类"和"因材施教"同样发挥着重要作用。

(二)教育本源在老年大学办学中依然体现

老年大学属于终身教育的一部分,它仍然属于"人们在一生当中所受各种教育的总和,是人所受不同类型教育的统一综合"。尽管老年教育区别于正规教育和学历教育,但仍属于老年人进入社会后的一种教育类别,是有选择、有组织、有系统的学习活动,不是为了获得学历,而是为了提升生活质量和生命价值。

后现代社会学告诉我们,老年人虽然退出职业岗位,但仍要受到原先社会分工的影响,仍要追求道德价值、生活价值,仍要具有个人责任感和社会责任感,仍要追求人的尊严和健康的生活方式。这些要通过各种教育特别是老年大学的培养去实现。其培养人的性质决定了老年大学应有的地位、作用和要求。

岳瑛教授认为:"老年教育的终极目的就是实现老年人的全面发展,完善人生,提高生命质量,创造老年人幸福;老年教育的现实目的,在现阶段就是培养符合小康社会准则的人,其核心就是提高生活质量,适应时代要求。"由上可见,老年教育的终极目标更应该体现教育的本源,即通过知识传授和技艺提高,启迪老年人的心灵,完善老年人的修养和品行,构建和谐自然的生命历程。

(三)纠正在老年教育本源问题上的糊涂认识

一是将举办老年大学简单看成"应时教育",有些人将举办老年大学的归因,说成是社会老龄化程度的日趋严重,是"应时之作"。这纯属将老年教育看作"权宜之计"了。试问,假如老龄化程度减轻了,是否就不需要老年教育了?殊不知,老年大学的举办不是由老年人数量的多少决定的,而是属于终身教育的一部分,它在任何时候任何人群中都会存在。随着经济社会发展,老年人要求继续学习的行为更加积极更加主动,其学习动机更趋多元。当然,老年人的理想或愿望的实现,包括在某些专业上的"大器晚成"者,迫切需要得到老年教育的各个层次和不同程度的培养。

二是过分强调老年大学课程设置是"应老教育",是"以老为本",主要体现在为离退休老年人提供休闲、娱乐的养老内容上,单纯让老年人"玩玩"打发日子,教学上不做要求,学习者"来去自由",这显然还停留在老年大学创办早期的认知层次上。有的学校过分强调老年大学要"养教结合",其实是混淆了老年教育的"教"和养老院的"养"之间的不同性质,从根本上违背了终身教育的基本要求。教育是有"本末"之分的。当老年大学全然沉迷于对当下现实生活的适应,教育就没有办法真正地去培养老年人积极、独立、健全的自由个体。一旦老年大学成为"纯粹为玩而玩"的场所,那么,老年教育就在一步一步地走向其本质的反面和发展的末路。

三是片面理解适应老年人"市场"需求的所谓"应市教育",老年人有何需求就办什么班,满足于"门庭若市""一座难求"的热闹,催生"短平快式""碎片化式"的课程,老年课程缺少应有的系统性和规范化,使得课程设置盲目、零碎,甚至混乱,学员选择上无从下手,重复性学习、"断崖式"训练和"跳跃式"升级比比皆是,这就谈不上培养的具体目标和要求了。其实,老年教育不能急功近利,不能浮躁,应静下心来,脚踏实地去做。

四是过分受制于师资的"应师教育",老年大学开什么班、上什么课,不是取决于培养人的课程需要,而是有什么老师就开什么课,办学过分"随机"变化,缺少教育培养的统一性和持续性。

以上这些,都是缺乏老年教育的本源意识所导致的观念和做法,在较大程度上影响着老年大学健康持续发展,必须加以纠正,让老年大学回归应有的教育本源。

三、老年教育培养功能的几个特点

(一)定向性

老年教育活动,是通过培养目的得以定向的,具体体现如下。

一是对老年教育的社会性质起定向作用,对老年教育"为谁培养人"具有明确的指向。截至 2023 年底,60 岁及以上的老年人已占全国总人口的 21.1%,在高度老龄化地区占比还要高,他们的面貌决定着当代社会面貌,也影响着年轻人的未来走向。年轻人要培养,老年人同样要培养。尽管目标任务不同,但同样是为社会培养人。

二是对老年人培养具有定向作用,具体到一所老年大学"培养什么样的老年人"。各老年大学都有各自办学口号,但在培养导向上是趋于一致的,即为社会培养全面发展、完善人生,具有生命质量和生活价值的老年人。

三是根据培养老年人的需要,对课程选择及其建设的定向作用。

显然,老年人的课程与正规教育是有明显区分的,这只是在内容和形式上有变化,老年教育具有独特的培养课程体系。

四是根据培养老年人的需要,对任课教师教学的定向作用。换句话说,不是想去任教的人就能担任老年大学教师的,至少要有教师专业身份而且懂得老年人心理、生理特征,并能根据培养要求采用适合老年人的教学内容和方法。

(二)发展性

教育,是存在于人与人之间的一种必然关系,是由"发展"来维系的。没有人的发展,就没有这种关系,也就没有"教育"。所以,教育即发展。人们通过建立教育关系,通过教与学的活动,而实现人的发展,这就是教育。

老年教育在老年人的发展中起到主导作用。所谓主导作用,即主要的并能引导事物向某方面发展的作用。在现代社会,个人的发展越来越依赖于学校教育,越来越取决于学校教育。老年人同样如此。

(三)社会性

"把握老年教育与时代发展、社会实践之间的联系,探索老年教育承载的社会功能,有助于我们深化对老年教育的认识。"这是张晓林先生撰文强调的老年教育社会性。

张晓林先生有两大观点。第一个观点是,"老年教育具有引导、助推老年人重新回归和融入主流社会的支点作用"。老年人仍然是"社会关系总和"中的老年人。老年大学的兴起和发展,为老年人提供了一个新的广阔的社会活动舞台,为这些老年人重建社会人际关系、重新融入主流社会打开了一扇大门。第二个观点是,"老年教育是老年人'再社会化'的重要途径"。一个人要被社会接受成为合格的社会成员,必须学会和掌握通行于社会的基本规范和知识,这是一个社会化的过程。在科学技术发展深刻改变人们生产方式、生活方式、行为方式的背景下,只有学习和具备一定的技术和文化知识,才能够在社会生活中畅通无阻,真正融入主流社会。这就需要老年人继续学习,进行"再社会化"。

四、老年大学培养规格的确定与应用

培养规格是学校为培养人制定的质量标准,指受教育者应达到的综合素质,它是学校工作的立足点和重要依据。

老年大学培养规格是各专业课程培养目标的细化,是对老年学员培养质量要求的规范,是学校制定教学计划和课程教学大纲,组织教学、检查和评估质量的依据。

(一)培养规格的特性

有教育专家认为:"教育质量的标准可以分为两个层次,一个是一般的基本质量要求,另一个是具体的人才合格标准。"具体到老年大学的培养规格,可否作这样理解:第一层次所指的是社会对老年人培养规格的统一性要求;第二层次所指的是社会对老年人规格的多样性需要而设计的各种培养规格。因此,老年教育培养规格有两个特性,即统一性和多样性。

老年大学可借鉴高等教育、职业教育学校的做法,对老年学员的培养规格提出统一性要求。鉴于老年大学入学门槛比较低、学员构成比较复杂,很难用"一把尺"衡量,因此"统一性"主要体现在学员的社会公德、行为习惯、知识技能和身心健康等最基本的要求上。

老年教育培养规格的多样性主要由以下几方面决定：一是老年人融入社会需求的多样性。不同的人群抱着不同的学习目的，老年大学要分别去适应；同一个人抱着不同的学习目的，学习后会提升自己的学习目的的档次，老年大学同样要引导和帮助他们达到较高层次。二是老年人受教育程度的特殊性。老年人有丰富的知识和阅历，他们的认知结构比较丰富和复杂，因此不能把老年人当作一张"白纸"。而且每个老年人所拥有的知识和人生经历各不相同，从这个角度看，针对老年人的课程是最复杂的，而相应采取的课程方法也不尽相同。三是老年大学办学条件的差异性。办学条件形成差异的原因多种多样，但反映在课程、师资和硬件建设上，学员培养规格就不一样了。这要实事求是、因地制宜。四是个人专长的倾向性。老年学员的学习倾向总体上分为两类，即缺乏性学习需要和成长性学习需要，这样就导致两种类型的课程设置：满足缺乏性学习需要的适应性课程设置和满足成长性学习需要的引导性课程设置。前者属于精神文化需求的"补缺"，后者属于精神乃至生命的"成长"。

（二）培养规格的要素

一般而言，教育培养规格构成要素的划分，主要有三种："二要素"法、"三要素"法和"四要素"法。"二要素"法构成包括"专业知识结构＋能力结构"；"三要素"法构成包括"复合知识结构＋综合能力结构＋人格素质结构"；"四要素"法构成包括"知识＋能力＋素质＋价值"。对老年教育而言，各种要素的选择通常受到下列因素的影响：教育目标和老年社会需要；学科体系、知识内容的内在逻辑；学员的认知规律、身心状况；等等。

　　从本质上讲,老年教育不是根据社会分工而培养专业或职业接班人,主要是针对已经退出或即将退出职业生涯的老年人。对象不同、需求不同,教育目标就会不同,各要素的体现也就不同。如信息技术、健身、养生类学科较多从"二要素"法考虑,主要解决专业知识结构和能力结构问题;再如艺术类学科,分别涉及声乐、器乐、舞蹈和美术等,它们不仅需要复合知识和综合能力,而且具有审美价值和人格素质,其培养规格较多从"三要素"法考虑;再如社会科学,尤其是文史类学科,对知识、能力和素质都有要求,而且老年人选择人文学科,较多是出于精神需求和个人价值需求,其培养规格较多从"四要素"法考虑。

　　当然,各要素之间是相互影响的,分类不可绝对,应当具体问题具体分析,做到灵活掌握和应用。

(三)培养规格的原则

1.培养规格应当突出校本特征

　　当下的老年大学,办得都比较综合,具有多学科的"相对优势",尽管所涉课程内涵并不完整,课程质量还不尽如人意,但已初步具备培养"复合型"老年人的教学条件,也具备向学员提供选择人文科学、自然科学、社会科学等的学习条件。因此,在设计老年人培养规格时,应当充分发挥综合优势,使不同专业不同课程之间优势互补,为学员拓宽知识面和增强综合技能。

2.培养规格应当突出"纲举目张"

　　要解决老年大学培养方向缺失的问题,有条件的老年大学应为各学科专业制订老年教育指导性培养方案。其主要内容有:专业课程与专门化方向、入学要求与基本学制、培养目标、综合素质及能力、教学进程安排、专业核心课程标准、教师任职资格、实训条件、学员荣誉毕业要求、相关说明等。培养方案就是"纲"，课程标准、教材、教师和方法就是"目"。抓住培养方案这个"牛鼻子"，就有工作实施的抓手和方向。

3.培养规格应当突出时代特征

新时代、新技术、新材料，要求老年学员在知识结构方面具备现代科学技术的文化知识与技能。比如，信息类专业的培养规格，在知识结构与能力结构方面，应当突出计算机知识与计算机应用能力；艺术类专业的培养规格，应当是懂专业、会文化、能表演能编导的复合型人才；养生健身专业的培养规格，在知识结构与能力结构方面，应当突出"应知"和"应会"的能力；等等。

4.培养规格应当突出处理好各要素之间的关系

老年教育培养规格优化目标之一是知识、能力、素质三者协调发展。对于不同的专业，其具体内涵就会有所不同。比如，对于偏基础性的专业课程，其知识结构不但要求"基础扎实、知识面宽"，而且要求有一定的深度，即知识要深厚一些，而对应用性的专业课程，则要求其应用能力、实践能力更强一些。又如，在素质结构方面，道德高尚、文明高雅是对各专业课程的普遍要求，而对于能够通过第三课堂为社区提供志愿者服务的，则提出更高层次的要求，即应当具有奉献精神。

5.培养规格应当突出处理好统一性与多样性需要的关系

根据实际情况，对知识结构、能力结构、素质结构以及三者的整体结构进行科学的、合理的、精心的设计，而且要留下一定的时间与空间,让学员能够在统一性要求下,选择符合自身实际的知识、能力和素质结构。

　　为此,构建具有统一性和多样性的课程体系就显得十分必要。老年培养规格完全可借鉴职业院校的做法,采用"公共基础课＋专业平台课＋专业方向课"的模块式课程结构,并在实施时按照"底层共享、中层分立、高层互选"的思路来进行。常州老年大学键盘类专业模块化课程结构如图1所示。

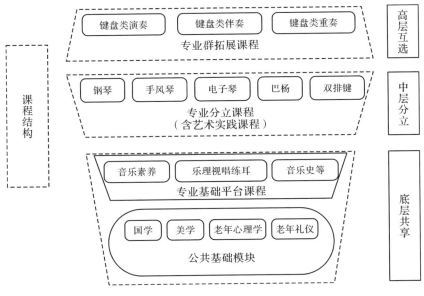

图1　键盘类专业模块化课程结构

　　底层课程指公共基础课程模块和专业基础模块,这些课程属于专业群的基础共享模块。公共基础课程模块主要在于:培养学员的社会共同信念和情感,使学员具有正确的生活观、价值观;提高人文素养,树立法治观念,使学员成为适应现代社会发展的身心健康、遵纪守法的老年公民。

　　中层课程是指专业群中各专业核心训练项目模块,与专业技能技术能力形成直接相关,课程按专业设置。

　　高层课程是指根据学员发展需求及形势发展变化开设的课程，专业间可以互选，学员可在相关课程中进行选择。

　　以上模块式课程结构，是着眼于老年学员终身学习需要，体现了既有梯度、又有宽度、还具前瞻性的"金字塔"式的课程体系，并为准备长期或短期学习的，具有不同目的、不同层次、不同要求的老年学员创造了接受教育培养的条件和机会。

　　作者简介：王亮伟，常州市老年教育发展中心常务副主任、常州老年大学常务副校长。

　　获奖情况：本文荣获 2020 年第十四次全国老年教育理论研讨会征文二等奖。

　　发表情况：分别发表于中国《老年教育》2020 年 4 月刊及《金陵老年大学教育研究(2021)》。

　　刊登情况：刊登于常州老年大学学报《大观》2021 年 7 月，总第 4 期。

老龄化背景下加快发展老年教育的
实践探索与对策思考

——以常州市为例

丁　皓　蔡　薇

在当前我国人口老龄化进程加快的背景下,党和国家高度重视老年教育工作,党的十八大明确提出要"积极应对人口老龄化,大力发展老龄服务事业和产业"。2016 年 10 月,国务院办公厅发布了《老年教育发展规划(2016—2020 年)》,对加快发展老年教育、扩大老年教育供给、创新老年教育体制机制、提升老年教育现代化水平做出部署。近年来,常州市老年人口总量增长进入快车道。全市老龄人口比重逐年加大,老年教育需求日益增长,老年大学常常"一座难求"。因此,调研全市老年教育发展情况,总结经验、剖析问题,对于进一步推动老年教育事业发展,具有十分重要的意义。

一、加快发展老年教育的背景与现实意义

按照联合国的标准,一个地区 60 岁及以上老人达到总人口的 10%,即视为进入老龄化社会,60 岁及以上人口达到 20% 的社会被称为"深度老龄化社会"。我国是较早进入老龄化社会的发展中国家

之一。2000 年以来,我国老龄人口出现基数大、增速快、高龄化、失能化、空巢化的明显态势。近年来,社会养老的需求进一步加剧,但很多老年人从教育中得到的幸福感没有真正得到提升,其主要原因在于资源供给不足与需求快速增加的矛盾越来越凸显。

老年教育是我国教育事业和老龄事业的重要组成部分。发展老年教育,是积极应对人口老龄化、实现教育现代化、建设学习型社会的重要举措,是满足老年人多样化学习需求、提升老年人生活品质、促进社会和谐的必然要求。对于已经进入"更深度"老龄化社会的常州市来说,加快发展老年教育已经迫在眉睫,更加刻不容缓。

二、常州市老年教育发展实践与成就

自 1986 年常州市第一所老年大学——常州老年大学成立以来,在各级党委政府的关心指导下,全市老年教育事业从无到有、从小到大、由点及面,在创建、探索、发展中不断前进,在坚守、开拓、创新中不断提升。截至 2020 年,常州市拥有市级老年大学(老年学院)2 所,区级老年大学 7 所,全市 66％街(镇)建立了老年教育学校,近 50％的社区(村)建有老年教育教学点,以市、辖市(区)、街(镇)、社区(村)四级老年教育网络为主体,多种教育载体为补充,覆盖城乡的老年教育网络体系正在形成,老年教育事业蓬勃发展。

(一)老年教育管理体制逐步优化

2012 年,常州市老年教育领导小组成立,统筹规划和协调全市老年教育工作,明确了教育局、民政局、财政局、文广新局、市委老干部局、老龄办等部门在全市老年教育工作发展中的职能。2014 年,市老龄委出台《关于进一步加强老年教育工作的意见》,提出发展老年教育的七大目标任务。2015 年,市教育局和市老龄办联合发文《关于进一步加强老年教育工作的通知》,要求进一步加强老年教育阵地建设、老年教育队伍建设、老年教育课程建设和老年教育机制建设。2017 年 7 月,市政府办公室发布了《常州市"十三五"老龄事业发展规划》,明确要求进一步发展老年教育事业并提出了相关的具体措施,全市老年教育的管理体制逐步优化。2019 年 1 月,根据全市机构改革工作的统一决策部署,常州老年大学正式划归市教育局,隶属教育行政部门,厘清了老年大学的教育性质和教育属性。

(二)社教机构成为老年教育主阵地

老年群体日益庞大、文化层次不一、需求多样、居住分散,单纯依靠市、辖市(区)老年大学的主体学校开展老年教育,显然无法满足广大老龄人口对老年教育的需求。而依托社区,强化社区教育功能,拓展社区老年教育的形式和方法,可以就近、就便、最大限度满足不同层次老年人学习娱乐需求。近年来,常州市各地以社区学院、街(镇)社区教育中心的场地、设备、师资等教育资源为依托,积极开展社区老年教育,充分利用社区老年书场、图书馆、文化广场等教育设施,举办健康保健、戏曲舞蹈、休闲娱乐等喜闻乐见的系列老年教育培训活动,深受老年人喜爱,社区教育机构日益成为老年教育的主阵地。据不完全统计,参与由各级社区教育机构组织开展的老年教育活动人数占老年教育总人数的 60% 以上。

(三)老年教育参与主体趋于多元

近年来,除了原有的老年大学体系之外,举办或参与老年教育的主体日益增多。常州开放大学老年学院于 2017 年 3 月 2 日揭牌成立，成为常州市第一家老年学院，目前已开设舞蹈、老年模特、声乐、摄影、书画、电钢琴等十余门课程。在常其他高校和高职院校也组织了部分教师和学生志愿者，参与老年大学、社区等单位组织的老年教育。此外，为解决全市老年教育中的供需矛盾，老年教育近年来逐渐下沉到基层，强化了基层老年大学的建设和发展。同时，市老年大学积极与市福利院、金东方颐养中心、南湖养生园等单位开展合作，拓宽老年教育阵地。2017 年 3 月，由江苏开放大学、武进开放大学、金东方颐养中心共同筹建的全省首家老年教育"养教联动"示范基地，在金东方颐养中心揭牌。

(四)老年教育形式与内容日渐丰富

随着社会变革和互联网技术迅猛发展，传统的教学方式与内容已无法满足日趋多元化的老年学习需求。在这样的背景下，全市老年教育不断创新教育形式，丰富教育内容，改变传统课堂教学模式，探索互动式、体验式的教育模式。部分课程已依托互联网技术，采用直播课堂、微视频等方式实施教育。常州开放大学开发建设的"常州终身教育在线"网站设有老年教育专栏，老年教育课程丰富，可供随时随地在线学习。2017 年 5 月在南湖养生园挂牌的常州老年大学分校，其教学形式就是采用直播系统与现场面授相结合的方式进行。同时，近年来，常州老年大学在传统的声乐、舞蹈、瑜伽、书画等老年教育课程基础上，开设了老年模特、烘焙、摄影、智能手机的使用以及网络技术等课程，老年教育课程内容更为丰富。

三、常州市老年教育发展存在的主要问题

常州市的老年教育发展在国内起步较早,初步建立了老年教育体系,但在发展中依旧存在理论研究滞后、多头管理、经费来源单一、缺乏科学规范的办学标准等诸多问题,主要表现在以下四个方面。

(一)理论研究明显滞后

老年教育的科学理论应该是引领和指导老年教育发展的指南。从总体来说,我国老年教育的理论研究仍滞后于老年教育的发展实践,常州市也是如此。一是从事研究的专门队伍力量薄弱。多数研究人员是市级老年大学的教师或管理人员,他们往往身兼数职。可以说,专门从事该领域的研究人员不多。二是研究的主题及其内容学术价值不高,大多停留在表层的分析和阐述上。三是缺少研究的平台。全国仅有老年大学协会会刊《老年教育》这一本老年教育研究方向的期刊,而有影响的核心期刊、公认的权威刊物目前为零。常州老年教育协会尚未成立,没有一本公开的老年教育刊物,也很少有相关的学术研讨会。

(二)管理运行体制不够完善

常州市县级老年大学共有 7 所,主城区的 4 所老年大学均由教育行政部门主管或者由教育行政部门负责运行,其他几个区的老年大学仍属卫生健康部门或者老干部局等相关部门主管。老年教育管理体制不统一,不利于统筹推进老年教育。另外,除常州老年大学是全额拨款的事业单位,有相对较好的独立办学场所,并拥有 10 个编

制外,其他绝大多数老年教育机构均为无独立法人地位、无编制、无独立办学场所的"三无"机构,给进一步推进老年教育发展带来一定的难度。

(三)办学主体与经费来源较为单一

老年教育的办学经费除部分来源于较少的学费收入外,主要依赖于政府有关部门的拨款,其他来源渠道相对匮乏,这种现状让许多老年教育办学机构缺乏可持续性。尤其是许多基层老年教育机构或学校,由于经费不足,办学条件长期得不到改善,基础设施、教学设备、师资力量都在低水平上运行,无法满足教学需要,在很大程度上阻碍了老年教育的进一步发展。同时,尚未吸引更多的社会力量参与老年教育,造成目前老年教育办学主体相对单一。

(四)办学标准不够规范科学

由于缺乏各级各类老年大学(学校)的办学标准及评估体系,在教学经费投入、场地建设、设施配置、师资队伍、管理服务、课程设置、目标任务等方面缺乏刚性要求,各地老年教育发展不平衡、不充分的情况比较突出。目前,从硬件上来看,常州市各级各类老年教育机构大多校园面积偏小、活动空间较少,部分教学场地不标准不规范、分布不够合理、相关设施配套不够;从软件上来看,各级老年教育机构的功能定位不明确、专业(课程)结构不合理、师资队伍的数量不足且部分师资缺乏稳定性、师资培训不够、远程教育网络尚未形成。这些问题导致全市老年教育需求爆发式增长与供给不足这一矛盾依然突出。

四、加快发展老年教育的对策思考

加快发展老年教育,是解决老龄化问题、推进教育现代化以及学习型社会建设的一项战略性措施。当前,我国的老年教育迎来了最为重要、最为关键的发展时期,但是在实践中存在着诸多问题,需要各级政府高度重视,采取有力措施切实加以解决,同时需要社会各界的广泛支持和参与,合力推进老年教育的发展。

(一)理顺老年教育管理体制,统筹推进老年教育

老年教育的第一属性是教育。各级政府应统一管理和运行模式,把老年大学划归教育行政部门管理,理顺老年教育与教育行政部门之间的关系,由教育行政部门统筹规划、指导协调老年教育的发展。同时,各级政府应在可能的情况下,给予老年大学(学校)事业单位法人地位,在经费投入、人员配备、校园建设等方面优先予以保障。同时,指导成立老年教育协作组织,合力推进老年教育发展。

(二)优化老年教育体系结构,提升资源供给能力

可以由教育部门牵头,民政、文化、卫健、财政、人社等部门密切配合,在充分调研、论证的基础上,制定出台全市统一、科学规范的各级各类老年教育机构办学标准及评估体系,各级各类老年教育机构对照各自标准进行建设和改进,合力推进老年教育机构规范化建设。同时,进一步完善四级老年教育网络体系,不断扩大老年教育资源供给。市、区两级老年大学要发挥好在办学模式示范、课程资源开发等方面的带动和引领作用。辖市(区)政府要充分利用镇(街道)教育中

心和居家养老服务中心等公共服务设施资源,按照老年教育机构规范化的标准和要求,建设镇(街道)、村(社区)老年学校,并着力提高已建老年学校的教育服务水平。推进学校教育、社区教育与老年教育资源共建共享,提高老年教育机构供给能力和办学水平,满足老年人多元学习需求。

(三)探索老年教育师资库建设,推动人才交流培养

一是充分发挥教育资源优势,探索建立老年教育师资库,从退休教师和在职教师中遴选一批身体健康、经验丰富、师德高尚的人员组建老年教育教师队伍。二是鼓励社会上学有专长、热心教育、乐于奉献的人员加盟老年教育,组建老年教育志愿者队伍。教师队伍要做到专兼结合,确保老年教育师资队伍的高质量和稳定性。三是要组织开展师资培训,加强业务交流,不断提高教学和管理水平。四是加快老年教育理论研究专门人才培养,指导推进老年教育发展。

(四)扶持高校兴办老年大学,鼓励多元主体办学

高校办老年大学有众多无可比拟的优势,在海外也是一种比较普遍的形式,并有许多成功经验,在国内这种形式目前颇受欢迎。其优势首先是场地、教学设施等资源可以与在校大学生错时共用,大多数设备无须再行添置,可大大降低办学成本;其次,高校教师资源充沛,其中不乏名师,开设老年大学,还可增加在校青年学生的实践锻炼岗位;再次,高校的整体人文环境会让老年学员感受到青春与活力,真正体验现代大学生活。

（五）拓宽老年教育资金来源，促进可持续发展

一是加大财政投入。把老年教育纳入经济社会发展总体规划，逐步建立起老年教育投入与经济社会发展水平和老年人口增长速度挂钩的调节机制。二是实行合理优惠收费，以维持良性运行。三是积极探索建立老年教育基金，鼓励热心老年教育事业的社会团体、企事业单位、社会组织和公民个人捐资助学，吸引社会资金成立市老年教育基金，作为老年教育办学经费的有益补充。

作者简介：丁皓，常州市教育局终身教育与民办教育处处长。
蔡薇，常州工业职业技术学院副教授。
发表情况：发表于《中国成人教育》2020年第6期。

第一章　建设标准化

老年大学：从"规范化"到"标准化"

王亮伟

多年来,我国老年大学的规范化建设,对其健康发展起到了相当大的推动作用,各级各类老年大学的办学行为也在"规范中调整"或在"调整中规范"。但冷静而客观地分析,"规范化"中的问题仍然显而易见,"规范化"后的历史老问题仍然十分突出。

一、老年大学的"规范化"及其现状

（一）"规范化"的提出与推行

伴随着我国老年大学的诞生和发展,相关规范性要求不断产生。受其影响,老年教育的办学行为不断在"规范中调整"或在"调整中规范"。应该说,这对我国老年大学的健康发展起到了相当大的推动作用。

2006年底,中国老年大学协会学术委员会成立"中国特色老年大学规范化建设研究"课题组,并于2007年4月在广州召开的"中国特色老年大学规范化建设研究"课题组会议上,提交了《中国特色老年大学规范化建设研究报告》(以下简称《研究报告》)。会后,各地根据该报告,重新修订了本地老年大学规范化建设创建工程的实施办法,开启了新一轮的创建活动,使老年大学规范化建设进入了一个新的发展阶段。

《研究报告》对"中国特色老年大学规范化建设"做了界定,提出了中国特色老年大学规范化建设的四个原则与理念,阐明了老年大学规范化建设的项目构成,提出了九个方面的具体要求,制定了省、地两个级别,发达、尚发达、欠发达三类地区共六种老年大学规范化建设评价标准,论证了"中国特色老年大学规范化建设创建工程"的要义,提出了实施办法等。

作为"规范化"建设的较高层次,《研究报告》对"全国示范老年大学"列出了五个方面要求:一是在校舍和教学设施的现代化、信息化方面站在全国的前列;二是在教学的与时俱进的创新方面站在全国的前列;三是在科研的立言、立论、立策方面站在全国的前列;四是在作为"中华民族共有精神家园"之一部分的和谐校园文化建设方面站在全国的前列;五是在特色专业、品牌专业和报刊、社团品牌的打造方面站在全国的前列。

《研究报告》还提出正确区分和处理"规范化"与"示范性"的关系。"规范校"和"示范校"属两个不同层次,它们既相互区别,又相互联系。前者是初级阶段,是"底线评价";后者则是"高位评价",起示范、引领和辐射作用。

上述研究成果,汇集了全国各地老年大学在规范化建设中积累的丰富经验,不但对进一步发展老年教育、办好老年大学提出了许多新的思路、新的理念,也使全国各老年大学对规范化建设有了新的、明确的认识。

新疆等地开展的规范化老年大学的创建在广州会议上得到与会

者的充分肯定,他们的规范化建设的项目构成主要包括办学条件、学校管理、教学质量、社会效益四个方面。其中办学条件包括校舍、经费、设备、编制等硬件建设,属于事物发展外部因素;学校管理主要指办学宗旨、领导班子、教师队伍、规章制度等软件建设,属于事物发展内部因素;教学质量是发挥社会效益的基础,是学校存在的生命线;社会效益则是举办老年教育的根本目的,是执政为民的必然要求。

(二)"规范化"中存在的问题

何谓"规范"和"规范化"?

规范作为名词,通常指对制度、体制、行为过程、行为结果所制定的各种规则的总和。规范作为动词,则指把不合理、具有随意性和盲目性的行为转变为合理的、体现规律性的行为。规范化则是将被规范的对象全体转化为规范要求的整个演变过程。

对照之下,"规范化"中的问题仍然显而易见。

(1)规范作为"各种规则的总和",其制定的主体应该是立法机构和政府行政部门,而不是社会组织(例如中国老年大学协会及其学术委员会)。因此,我们的"规范化",缺少立法背景、缺少法律依据、缺少法规性语言、缺少执行强制力,总觉得有点"名不正,言不顺"。

(2)实施"规范化"关键是将老年大学的办学行为"转变为合理的、体现规律性的行为",但事实是,老年大学办学行为总是走不出"不合理""随意性"和"盲目性"的怪圈。

(3)"规范化"面向的对象是老年大学的"全体",而不是老年大学的"个体"和"部分",因此规范化必须要求"标准"统一而具体。在我们的规范要求中,"规范化"过于笼统,过于照顾地区差别和办学单位的"个体行为"。因此,在落实规范要求方面,必然出现千差万别、"五花八门"等现象。例如在评审"示范校"和"规范校"时,其条件宽严不一,地区之间的差异很大。

(三)"规范化"后的办学现状

2007年广州会议已过去十几年,实事求是地说,我国的老年大学事业有了长足的进步,但感到遗憾的是,历史性的老问题仍然十分突出。主要有:

一是老年大学的领导体制和管理机制仍然比较混乱,国家对老年大学的行政管理并没有理顺,老年大学的办学体制、机制不同,办学单位性质不同,经济来源不同,有的属于老龄委,有的属于老干部局,有的属于民政部门,还有的属于单位离退休管理部门。多元办学本来应该鼓励,但"政出多门"却成了问题。老年大学的办学行为与主管和办学单位在认识上的局部性、管理机制的局限性、指导思想上的功利性之间的矛盾依旧存在。

二是老年大学从内涵到外延、从内容到形式的多样性、随意性等不确定因素、不"标准化"因素,严重制约着我国老年大学事业的健康发展和整体水准的提高。

二、老年大学标准化的提出及其作用

本来"标准化"应在"规范化"之前提出,而不是落在其后。事物发展的规律,应该是先有"标准化",才有"规范化",再有"现代化"。"示范性"老年大学在各个层次、各个阶段都相应存在。根据目前我国老年大学发展现状,抓紧补上"标准化"这一课,显得十分重要而迫切。

（一）标准和标准化

说到教育的标准和标准化，不能不说说什么是标准和标准化。标准对于人类而言就像空气和水一样，是须臾不可离开的。只不过，我们每天都在喝水，每时都在呼吸新鲜空气，却往往忽略了它们的真实存在。

所谓标准，按照我国和国际上通用的定义，应表述为："为了在一定的范围内获得最佳秩序，经协商一致制定并由公认机构批准，共同使用和重复使用的一种规范性文件。"

标准化，简单地说，就是使标准在社会一定范围内得以推广，使不够标准的状态变成标准状态的活动。这个活动既包括标准的编制，也包括标准的发布和实施的全过程。

概括地说，标准的特征一是"获得最佳秩序"，二是"协商一致制定"，三是能"共同使用和重复使用"。标准化的特征一是"标准得以推广"，二是"使不够标准的状态变成标准状态"，三是"标准的编制、发布和实施"要坚持"全过程"。

（二）教育标准化的推行

实际上，在我国教育领域推行"标准化"并不是新鲜事。在进行教育"十二五"规划时，教育部就组织研究制定了100个本科专业类教学质量国家标准，并推动省级教育行政部门、行业组织和高校联合制定相应的专业教学质量标准，以形成我国高等教育教学质量标准体系。在此前后，国家、省级教育行政部门为解决义务教育公平问题，制定了义务教育的标准化条例；为推动职业教育建设和发展，分别制定了职业院校合格学校标准，省级、国家级职业院校标准，示范职业院校标准和现代化职业学校标准。在老年大学领域,苏州率先制定并实施了《苏州市教育现代化老年大学办学标准(试行)》,尽管是局部的试行,但带来的却是实施"标准化"后的生动例证。上述这些,在我们幅员辽阔的国土上和层次复杂的教育领域里,对推行教育规范化和现代化,起到了相当大的作用。

将标准、标准化、标准体系等概念和标准化的管理方法引入教育领域,首先启蒙于现代企业管理。标准和标准化的兴盛发达是伴随着工业革命的进程发展起来的,在很长一段时间内,标准和标准化的应用范围主要局限在工业领域。从 20 世纪 70 年代开始,标准才以现代管理领域为突破口,逐渐实现了全方位的发展。

用标准、标准化和建立标准体系、实行标准化管理等手段规范教育质量,过去在我国没有这样做过。就管理标准而言,国际标准化组织从 20 世纪 70 年代开始推广 ISO9000 族和 ISO14000 系列标准,我国的企业界及时进行了学习借鉴。到现在,我国已经成为全球最大的应用国。所以,在教育领域引入和应用标准、标准化原理来规范教育质量的做法,不仅是有可能的,也是必要的。

(三)老年大学"标准""标准化"的提出及其作用

老年大学的自身建设是一项系统化工程,其"标准""标准化"势必涉及领导体制、管理制度、经费投入、师资队伍、课程设置、教学方法、教学体系等方面。在这种情况下,值得思考的问题是:如何理解老年教育质量标准、标准化及其关系;如何运用标准化的原理和方法建立老年教育质量方面的标准体系;在标准制定之后如何实施;实施后怎样检验或评价标准化的实际效果,等等。这些问题,都需要在办学过程中,进行顶层设计、实践尝试、循序渐进、逐步提高。

在老年大学中推行"标准"和"标准化",不是临时性、阶段性的短期行为。在老年大学办学中,学员需求的差别、地域文化的差别、办学条件的差别,加上法制的不完善和办学体制的不统一,各办学单位管理、教学水平的差别,迫切需要进一步加强老年大学的"标准化"建设,进而提高老年大学的办学水平和教学质量,老年大学办学的"规范化"和"现代化"才能真正地"接地气",并将其要求真正落到实处。

三、老年大学"标准""标准化"的制定及其实施

根据有关教育法律法规,结合实际情况,政府部门拟制定《全国老年大学"标准化"建设标准》,主要考虑以下因素并设计相应标准要求。

(一)办学条件

1.学校性质及隶属关系

老年大学属于终身教育的组成部分,理所当然地应确定它的性质以及隶属关系,并逐步从法律法规上做出界定。建议在适当时候,制定并颁布《老年教育法》。只有在法律上有地位了,老年大学的办学地位才会真正确立。

2.学校规模

为保证老年大学教育质量、管理效率和办学效益,按照社区就近入学、辖市(区)相对集中办学的原则,老年大学必须具备一定的办学规模。例如:(1)班级数。对不同老年大学建制应做出不同要求,规

定一般不少于多少教学班,最高不能超过多少教学班。(2)班额。根据专业课程不同,应规定各类班级学员人数最低不少于多少人,最高不超过多少人。城镇一些老年大学存在的大班额现象,应创造条件逐步消除。有条件的学校要根据学员层次,设计并开设普及、提高等不同类型的专业课程,积极探索适应老年朋友的高端培训包括老年学历教育的办学尝试。

3.学校设置

学校设置要依据当地城市建设总体规划和老年大学布局规划,以社区就近入学、城区相对集中、方便学员就读为原则。重视普及县(区)级老年大学,发展社区和农村乡镇老年学校,扶持特色老年大学。

老年大学的服务半径要根据人口规划、学校规模、交通环境等因素确定。要合理设置并调整老年大学网点布局,使学校适应现代教学特点,具有适度规模和可持续发展的空间。

老年大学选址和建设要避开污染源处、地震断裂带、山丘滑坡段、泥石流地区及水坝泄洪区等不安全地带。高压线缆、易燃易爆市政管线及市政道路等不能穿过校区。位于交通要道、过境公路旁的老年大学,应设立交通安全标识。

老年大学周边环境应有利于老年学员的身心健康。学校的设置应避开化工厂、烟花爆竹厂、气源调压站、高压变电所、加油站、公共娱乐场所、集贸市场、医院传染病房、太平间等场所。教学区的环境噪声应符合《民用隔声设计规范》。

老年大学校园建设总体规划要依据规模和需要,按教学区、活动区、服务区等不同功能要求合理布局,做到分区明确、布局合理、功能齐全、环境优美。校舍建筑除按照建筑设计等规范进行设计和施工外,还要充分考虑老年人生理、心理特点,确保建筑工程适合老年人学习和活动。

4.用地面积

学校用地包括建筑用地、活动用地、绿化用地、服务设施用地等,用地面积应满足老年大学教学工作和学员户外活动的需要。应按学员每天在校平均人次设定校园面积。有条件的老年大学可设计建设体育活动场地和设施。

5.校舍面积拟按学员每天在校平均人次,设定生均校舍建筑面积和教学及辅助用房面积。设计建设普通教室、专业教室、实验室、计算机教室、多功能教室、学员俱乐部、阅览室、图书室、仪器室和准备室、心理咨询室、档案室等,并设定不同面积要求。学校有卫生、安全的洗手间,有符合卫生要求的饮水设施,有与医院单位合作开设的医务室。根据实际需要,设置符合安全、卫生标准的餐饮设施等。

6.设备设施

根据独立校园的原则,学校应有围墙、校门、校牌、国旗旗杆和升旗台、固定墙报或宣传栏(有些延伸办班点除外)。有符合老年学员要求的课桌椅,班班有标准的黑板和讲台。其他各类辅助教学用房,应根据不同的要求配齐桌、椅、柜、架。根据专业课程标准和学校规模,配备专业课程专用教学设备(建议参照中等职业技术学校标准进行配置)。并要建成校园网,按标准配置远程教育设备。满足规定学校最低藏书量和电子阅览资料及教学软件数量等。

(二)队伍建设

1.领导班子

应规定领导班子成员具有的学历、专业技术职务要求,以及参加全国老年大学校长岗位培训及持证上岗要求。校长选拔聘任符合国家规定的选拔聘任职条件。班子成员分工明确合理。按要求配齐内设机构和领导班子职数。

2.教师队伍

编制部门应按一定生师比,核定教师编制数,并相应配备教职工,优化编制使用结构,提高编制使用效率,向一线教师倾斜。各专任教师专兼职相结合,配备齐全,教师具备国家规定的各类教师资格。建立教师岗位责任制,实行教师聘任制。按照要求建立教师定期培训制度和职称评审制度。依据法律法规政策落实教师待遇,维护教师合法权益。

(三)教学工作

应规定老年大学办学方向,专业设置,教学质量,管理运行,校园文化,信息资源以及第二、第三课堂等方面的规定和要求。建立督导评估和综合评价制度。

(四)学校管理

老年大学应规定具备法人条件,取得法人资格,依法承担民事责任;实行校长负责制,实行教师聘任制;依法治校,依法办学,建立健全各项规章制度。学校遵守国家财务制度,设置专门财会人员岗位。

按规定收取学员学杂费（条件成熟的地方，可实行浮动收费制度）。学校建立健全校内各项安全管理制度和安全应急机制，具有一定规模的学校应配备专职保卫干部。加强学籍管理，建立健全学员升学、休学、流动、结业情况报告制度。

为了有效实施老年大学标准化建设，必须重视下述几方面的问题。

一是加强老年大学标准化建设，首先应该从根本上解决办学管理标准化的问题。从目前发展现状来说，老年大学办学的外部大环境，对于老年大学加强标准化建设至关重要。理顺老年大学的领导体制和管理机制，是老年大学事业发展的根本，否则这将是制约老年大学事业发展的主要因素。管理体制上的不顺畅、不统一，将严重制约老年大学事业的发展。因此，只有理顺领导体制和管理机制，老年大学的标准化建设才能真正得以落实。

二是重视资金投入，硬件建设是办好老年大学必不可少的重要条件。办学场地和设施，是老年大学存在和发展的基础，是决定办学条件和质量的主要因素之一。办学场地、设施的配备和维护，都应该适合老年人的特点、满足专业教学的需求。因此，解决好经费来源是办好老年大学的保障，也是老年大学标准化建设的基础。老年大学是公益性单位，财政拨款应是老年大学的主要经费来源。

三是老年大学应根据标准化的要求，将自身的建设和发展加以具体化，形成标准化建设的目标和行动。作为目标和行动，老年大学的标准化建设应区分不同地区、不同层次和不同要求，给予建设的时间和空间，在适当时候对符合标准条件的"合格校""优秀校"和"示范校"进行三个层面的督导评估。这不仅是对老年大学自身的"以评促建"，更是对当地政府的"以评促进"，使二者共同去落实"标准化"目标和要求。

四是建立健全各项规章制度,严格按照制度办事,这是老年大学标准化建设的又一项重要内容。制度是关系全局管理的根本问题。老年大学的制度建设,除了贯穿在办学管理的所有基本环节中,更应该突出在教学管理的标准化上。老年大学应该从教学设施、教材建设、教学秩序、教学层次、教学质量、办学特色等方面提出一套与自身办学特点相适应的可行要求,并建立管理目标,形成评价办法,使老年大学的教学管理实现标准化。

获奖情况:本文荣获 2016 年第十二次全国老年教育理论研讨会征文一等奖。

发表情况:发表于中国《老年教育》2017 年 5 月刊。

老年教育"三项准入"制度的建立与实施

王亮伟

一、问题的提出

我国的老年教育发展已有四十余年,老年大学已初步形成省市县乡村五级办学体系。随着中国特色社会主义进入新时代,老年教育同样进入了高质量发展阶段。面临新形势、新任务,老年教育必须正视自身发展中的问题,积极应对面临的新机遇和新挑战。

调研说明,老年教育与国内其他类型的教育相比,无论从规模、结构、质量和效益等方面来说,都处于发展的初级阶段。这既有客观的外部原因,当然也有自身内部的原因。特别是在老年教育办学机构举办和建设初期,存在着准入条件上的制度性缺失。主要反映在:一是缺少举办老年教育办学机构基本统一的准入条件;二是缺少老年教育主要管理者校长的基本统一的准入条件;三是缺少老年教育机构专兼职教师的基本统一的准入条件。

上述现状,既是积重难返的历史老问题,又是当前推动老年教育高质量发展必须认真对待和解决的新问题。不难发现,所述问题的关键,主要集中在准入制度的设计和管理的机制层面上。如何破解这些问题？我们不妨借鉴其他教育类型的发展路子，来积极探索"老年教育准入机制"问题，推进老年教育办学机构、校长及教师等"三项准入"制度的制定或完善，以此推动老年教育在新形势下的高质量发展。

二、老年教育"三项准入"制度面临的问题

(一)认识上的问题

有人认为老年教育属于非正规教育，管理体制不成系统，课程结构不成系列，"三项准入"制度可有可无；还有人认为，老年教育是应付当前老龄化社会的临时性措施，是"权宜之计"；也有人认为，老年教育不是当前工作重点，"小打小闹"就够了，不用"兴师动众"；当然也有人认为老年教育发展尚不成熟，不能与其他教育类型相提并论；等等。一句话，老年教育可以放一放，甚至"边缘化"亦无碍大局。其实，这些都是短视行为，忽视了老年教育的本质属性及其价值作用，对老年教育健康、持续发展是十分有害的。

(二)制度上的问题

据初步调查，国内老年教育界对老年教育办学机构、校长及教师的准入机制的相关设计及其法律法规等，几乎空白。就老年教育办学机构准入而言，主要停留在文件要求上，要么太原则不具体，要么太空泛缺实际，忽视了基层老年教育存在的基本发展性问题，即老年教育如何办，靠谁办，怎么办。这些都属于举办老年教育最基本的问题。例如：缺少举办老年教育机构基本统一的准入条件，老年教育机

构名称不规范、不统一,部分老年教育机构开办既盲目又随意,导致办学水准及效益参差不齐。老年教育机构的举办缺少规范审批程序,其申办中所涉申报、受理和审批等手续,分别该由谁负责,目前尚不明确。特别是社会力量参与举办民办老年教育机构,目前尚无统一规定。

(三)保障上的问题

从研究层面上说,老年教育系统缺少准入制度建设的专门研究机构,缺少宏观和微观研究课题,缺少专业研究人才和基层研究工作者,缺少必要的研究经费和研究阵地。从管理层面上说,老年教育系统缺少实施贯彻的"扁平化"管理,导致老年教育机构数量和质量跟不上老龄社会的紧迫需求。从质量控制层面上说,老年教育系统缺少科学的评估制度及其方法、手段。

上述情况,都是推行"三项准入"制度的绊脚石,必须努力转变观念,认真加以解决。

三、老年教育"三项准入"制度的内涵及其关系

(一)准入、准入制度概念

准入是一个经济学术语,指的是企业或个人进入某个行业或市场的资格和条件。准入的概念在不同的领域中有不同的应用,但基本含义都是一样的,即对于某个行业或市场的进入,需要经过一定的审核和批准,获得相应的许可或认证,才能进行经营或服务。

准入制度,是指国家对市场主体资格的确立、审核和确认的法律

制度,包括取得市场主体资格的实体条件和取得市场主体资格的程序条件。

（二）"三项准入"制度内涵

老年教育"三项准入"制度,特指老年教育办学机构的准入、老年教育办学机构校长的准入及专兼职教师的准入。

老年教育的"三项准入",是指通过法律法规和行政手段指引,其各级各类老年教育机构(老年大学、老年学校等)通过举办基本条件的创立和完备,其校长、教师个人通过自身条件的确立或专业培训,再经过一定程序的审核和批准,获得相应的许可或认证,才能进入老年教育领域。

（三）"三项准入"制度之间的关系

建立老年教育办学机构准入制度是基础,是老年教育的基本存在形式;建立校长准入制度是核心,校长是办学的主要管理者,是老年教育办学的灵魂;建立专兼职教师准入制度是关键,是老年教育办学的主导力量。

三者既独立存在,又相依相存;既互为前提,又相辅相成。只有积极推动"三项准入"制度的进一步制定和完善,才能有效促进老年教育的发展和提高。

四、老年教育"三项准入"制度的意义和价值

实行老年教育"三项准入"制度,能赋予老年教育办学主体及其管理主体更多的自主权,有利于党委、政府及社会重视老年教育建设

和发展,并落实办学的基本要素,激发办学活力;有利于各级各类老年教育办学主体及其管理主体依法平等使用社会资源,形成充分、均衡参与竞争的办学环境;有利于建立现代老年教育体系,为发挥办学和管理主体在资源配置中的决定性作用提供更大空间。

老年教育办学机构的发展,具备基础性、成长性和发展性等特点,它需要经历"举办—合格—优质—高水平现代化"的过程,其发展过程最初的"举办"及其"准入机制",对老年教育基本建设和未来发展都会产生积极影响。

校长是一种职业。职业均有自身的准入标准,职业资格证书制度即为国家对校长从业规定的职业准入标准。目前,其他教育类别中的校长职业准入,要求做到"持证上岗",这是校长职业专业化的基本特征,是国家对校长职业的基本要求,是获取校长工作岗位的法定前提条件。国家教委曾于1991年颁布试行《全国中小学校长任职条件和岗位要求(试行)》(以下简称《条件》),《条件》"是根据我国教育事业发展对中小学校长队伍素质提出的要求、兼顾校长队伍现状而制定;是选拔、任用、考核、培训中小学校长的基本依据"。下达《条件》是加强中小学校长队伍建设的一个重要步骤。各地应采取有力措施,通过组织岗位培训和日常的政治业务学习及工作锻炼,使中小学校长努力达到《条件》的基本要求,同时逐步做到按《条件》选拔、任用新的校长。要充分利用《条件》,大力推进当前岗位培训工作及校长队伍管理与建设的规范化、制度化、科学化。

教师,同样是一种职业。教育部曾于2000年依据《中华人民共和国教师法》,制定出台了《教师资格条例》。该条例规定:"中国公民在各级各类学校和其他教育机构中专门从事教育教学工作,应当具备教师资格。""国务院教育行政部门负责全国教师资格制度的组织实施和协调监督工作;县级以上(包括县级)地方人民政府教育行政部门根据《教师资格条例》规定权限负责本地教师资格认定和管理的组织、指导、监督和实施工作。"

老年教育有其特殊的专业要求和规律性。无论老教师还是新教师,从事这一行业的专兼职教师都需要再学习、再认识,通过学习,熟知和掌握老年教育特有规律。

由上可见,必须将完善老年教育准入制度作为助推老年教育高质量发展的重要切入点,以老年教育办学机构准入为基础,以老年教育校长准入为导向,以老年教育教师准入为关键,从而推进中国式老年教育制度创新,使得老年教育办学机构建设更加精准高效,校长领导层更加优化提升,师资队伍更具水准和活力。

五、老年教育"三项准入"制度施行的途径及其方法

(一)老年教育机构准入制度

根据《中华人民共和国教育法》《中华人民共和国老年人权益保障法》《中华人民共和国民办教育促进法》和中共中央、国务院《关于加强新时代老龄工作的意见》等法律法规文件,进一步规范老年教育准入制度,各省区市均可结合本地实际制定准入指引等相关文件。

老年教育办学机构分为公办老年教育机构和民办老年教育机构。老年教育机构准入,也可分为两种:一是公办老年教育机构实行备案准入制,二是民办老年教育机构实行核准准入制。其准入范围主要适合县区级以上老年大学(含老干部大学、老年开放大学等),乡镇(街道)老年学校,以及国有企事业单位举办的老年教育机构。其

他社会团体、企业或个人举办的老年教育机构均参照执行。

老年教育机构准入的公共基本条件如下：（1）有符合相关法律法规或规范性文件要求的举办者；（2）有规范的名称、规范的章程和必要的组织机构；（3）有符合相关法律法规和规章要求的内部管理制度；（4）有符合规定任职条件的法定代表人、校长及主要管理人员；（5）有与机构专业层次及规模相适应的教师队伍；（6）有与机构相匹配的办学资金；（7）有办学场所和基本的设备设施；（8）有对应的课程、教学计划和教材；（9）设置符合要求的党团组织。

对民办老年教育机构举办者还要求如下：（1）老年教育机构举办者为社会组织和企业的，应经依法登记，信用状况良好，未被列入有关经营（运营）异常名录或严重失信主体名单；其法定代表人或负责人应具有中华人民共和国国籍，在中国境内定居，信用状况良好，无犯罪记录，享有政治权利和具有完全民事行为能力。（2）老年教育机构举办者为个人的，应具有中华人民共和国国籍，在中国境内定居，信用状况良好，无犯罪记录，享有政治权利和具有完全民事行为能力。

由国家机构、高职院校、国有企事业单位举办的公办性质老年教育机构按管理权限，分别向当地市级或区（县、市）教育行政管理部门，进行备案登记。民办老年教育机构准入核准制实行属地管理，由县（市、区）相关行政主管部门负责。行政审批部门负责注册登记、发放营业执照。

（二）老年教育学校校长准入制度

1. 建立和完善老年教育校长选拔和任用制度

其中包括聘任制度、培训制度、考核监督制度、职级制度、薪酬制度和退出制度。校长是重要的老年教育人力资源，其专业发展是他们职业生涯的重要内容,它包括专业理念、专业伦理、专业知识、专业能力、专业贡献、自我专业发展意识及其他(包括专业自主权、专业的社会地位等)七个重要因素。因此,校长准入制度的设计和施行尤为重要。

2.统一制定老年教育校长任职的基本条件、主要职责和岗位要求

其中不仅要规定校长的基本政治素养,还要强调岗位知识要求和岗位能力要求。

3.实行校长岗前培训

培训合格颁发"岗位培训合格证书",做到"先培训后上岗",或者叫"持证上岗"。同时,逐步将校长"任职门槛"标准化,对校长的学历、任职资历、参培情况等给出一定标准。要求达到标准,并获得相关资质后方可任职。

老年教育领域的校长来源十分复杂,但不论年龄大小、资历深浅、职位高低等,都须根据岗位公共要求和相关培训对象的工作特点,通过分类施训,主要采用理论传授、专家讲座、案例分析、问题研讨、现场教学、学员自学等形式进行。对具有一定管理经验的校长,可利用研修培训,带着一定的研究方向或科研课题,通过自学读书、理论辅导、学术研讨、定向考察、专题研究、论文撰写、考核答辩等环节进行。

(三)老年教育教师准入制度

鉴于老年教育教师兼职为主、在编专职为辅的实际情况,目前不宜按《教师法》和《教师资格条例》来严格执行,但仍可依据上述法律法规,确定准入对象、准入要求、岗前培训和考评规定等。

1. 准入条件

主要涉及道德法纪、专业学历(含具有特殊技艺的能工巧匠)、教育教学能力和身体素质、心理素质等。

2. 岗前培训

可参考江苏省常州市试行"老年教育师资登记制度"并举办"老年教育师资入门培训"的案例,其要点如下。

(1)培训目标:老年教育师资登记制度对本市老年教育机构授课的专兼职教师实行"先培训后上岗"原则,并做好相应登记工作,同步建立老年教育师资信息库。其培训目的为:学习老年教育学及其相关政策法规,依据教育规律和法律法规从事老年教育工作;学习老年教育必备的教育心理学,并应用于设计老年教育课程、改良教学方法;通过教材教法和课程案例分析,掌握相关专业课程的教学能力;通过一般教育信息技术学习,掌握从事老年教育必备的基本职业技能。

(2)培训对象:凡新加入老年教育工作的人员都得接受岗前培训。其主要对象为:新入教师、从事老年教育工作未满三年的年轻教师、部分缺少教育背景的老教师和行政管理工作者、其他自愿参加培训的兼职教师。

(3)培训时间:学习时长为16学时(45分钟/学时)。

(4)培训内容:课程设计按照"理论与实践相结合"的原则,以老年教育理论为基础,聚焦老年教育中的具体问题,全面提升老年教育师资的专业素养和实操能力。共设有四个学习模块:一是老年教育学。通过对老年教育现象、教育问题的研究来揭示教育的一般规律,同时学习老年教育及其教师职业道德的相关法律法规。二是老年心理学。掌握老年心理学理论,遵守心理学职业伦理规范,能够运用心理学理论和规律指导老年教育工作。三是老年教育教材教法。掌握课程教学法的基本原理,明确课程教学大纲,具有分析教材、编写教案和进行常规教学的能力,并能对课程教学中的规律进行初步研究。四是一般教育信息技术。熟悉一般的教学媒体,发挥信息技术在教育教学中的应用,优化教学手段,优化学习方式,给老年学员提供丰富多彩的学习环境和得力的学习工具。

(5)设立领导小组及师资培训考核登记办公室,根据培训科目组建培训师团队。

(6)培训方式:采用线下面授、线上研修和实践试讲三种形式。

(7)考核评价及颁发证书。对参训人员进行统一考核管理,统计学习任务完成、实践试讲和学习小结情况,经考核合格,可获得"老年教育师资入门培训"合格证书。证书统一编号,可通过市老年教育发展中心官网查询平台进行查询。

3.准入管理

可参考上海市案例:上海市教委为规范老年教育机构教师特别是兼职教师的管理,提升兼职教师的教学能力,从 2020 年起,开展了老年教育兼职教师注册制工作,并以信息技术手段面向全市所有老年教育机构授课兼职教师,完成数据采集、学习、测试等环节。

上海市教委委托该市教育信息中心,制定信息采集、远程教育、面授培训、考核等业务流程,以固定终端进行兼职教师的身份证实名登记,生成唯一的师训账号后,教师自主选择面授讲座或远程学习方式,完成教育学、教育方法、教育心理学、政策法规四个方面内容的学习,并按要求提交免试材料,或以在线提交作业、远程测试的方式完成注册。从 2021 年起,上海市启动老年教育存量"兼职教师"注册,向社会增量"兼职教师"准入转变,并实现办学机构岗位发布与招募、兼职教师授课应聘与备案等功能,全面拓展信息化在兼职教师管理领域的应用。

获奖情况:本文选送参加 2023 年第十五次全国老年教育理论研讨会征文评比,获二等奖。

发表情况:发表于《终身教育·老年教育研究》2023 年 10 月刊。

第二章　课程系统化

基于老年教育培养方案的课程体系构建

高燕婷

随着我国老龄化社会的形成,老年教育已形成发展趋势。发展老年教育,是积极应对人口老龄化、实现教育现代化、建设学习型社会的重要举措,是满足老年人多样化学习需求、提升老年人生活品质、促进社会和谐的必然要求。教育是培养人的活动。老年教育是否具有培养功能? 其培养功能的特点是什么? 如何实施老年教育的培养功能? 这既是理论问题,又是实践问题。

教育部曾发布《关于职业院校专业人才培养方案制订与实施工作的指导意见》,其原则精神值得老年教育从业者借鉴和消化。文件指出,专业人才培养方案是职业院校落实党和国家关于技术技能人才培养总体要求,组织开展教学活动、安排教学任务的规范性文件,是实施专业人才培养和开展质量评价的基本依据。随着我国老龄化社会的形成,老年教育已形成发展趋势。回顾老年教育的办学历程,仍存在着诸多问题,如老年教育的内容和形式较为僵化、课程及教育内容体系不够完备等,这与缺乏研制老年教育指导性培养方案有关,缺乏老年教育共同遵守的框架和质量标准,导致老年教育实施的随意性,同时带来了质量标准的不可操作性。老年教育指导性培养方案的研制工作,系统规划老年教育各个环节,对促进学校教学基本条件建设、深化老年教育教学管理改革等有着十分重要的意义。

一、如何制定老年教育培养方案

笔者所在的老年大学开展了研制老年教育指导性培养方案的研究工作,认真研究职业教育培养方案的内涵、组成,组织走访与学校有着相关专业联系的高职院校,学习交流研讨职业教育人才培养、专业建设、课程设置,解构职业教育培养方案,研究老年教育和职业教育的共同点及差异点。

通过一系列学习、交流、调研工作,出台《关于老年教育指导性培养方案制定与实施的指导意见》(以下简称《指导意见》)。《指导意见》指出,培养方案应当由六大部分组成:指导思想、老年教育指导性培养方案的基本原则、主要内容及要求、制订程序、实施要求、监督与指导。其中,要确立五项基本原则:坚持以人为本、坚持按需施教、坚持协同推进、突出校本特征、突出时代特征。确定主要内容:老年教育指导性培养方案应当体现各专业教学标准规定的各要素和培养的主要环节,包括专业课程与专门化方向、入学要求与基本学制、培养目标、综合素质及能力、教学进程安排、专业核心课程标准、教师任职资格、实操条件、学员荣誉毕业(结业)要求等内容。《指导意见》经征求意见修改后提交校务委员会议,研讨后通过。《指导意见》可以引领各专业编制老年教育指导性培养方案。

学校依据专业成立各专业指导委员会,召开涵盖专业建设、课程设置、教材开发的座谈会,听取专家、领导关于老年教育培养方案的意见建议;展开对学员、教师的调查,充分了解学员对老年教育的诉求与期待,教师对专业课程的理解与认知;组织以培养方案为主题的专题培训,在管理层、教师群普及培养方案相关知识。

当前中国老年教育学科大致分为 15 个门类。学校根据此学科分类制定了 16 个老年教育培养方案,分别是文史专业,英语专业,书法专业,国画专业,西画专业,键盘专业,民乐专业,声乐专业,戏曲专业,生活艺术专业,医疗保健专业,舞蹈专业,计算机、手机专业,摄影专业,休闲运动与健身专业。只有社会科学与农学类未涉及,其余基本都涉猎了。有时一个学科就是一个专业(如声乐、舞蹈、书法),有时一个较大的学科门类可以包含很多专业(如器乐、美术),而一个专业又能涵盖许多学科的知识(如文史)。

二、老年教育培养目标及规格

在制定培养方案的过程中,首先需要明确培养目标:依据国家发展老年教育,积极应对人口老龄化、实现教育现代化、建设学习型社会的要求,结合学校办学层次和定位,科学合理确定本专业培养目标,明确学员的知识、能力和素质,在不同学习时段的基本要求或发展要求,着力培养信念坚定、道德高尚、与时俱进的有志老人,笃信好学、广闻博学、终身爱学的有智老人,高尚雅致、各从所好、身心健康的有致老人,传承文化、服务社会、充满活力的有质老人。

另一项不能忽视的重要内容是人才培养规格。人才培养规格是学校对所培养出的人才质量标准的规定,指受教育者应达到的综合素质,它是学校工作的立足点和重要依据。

（一）培养规格的构成要素

关于培养规格的构成,可以采用"二要素"法:专业知识结构＋能力结构,如计算机手机、休闲运动与健身专业。"三要素"法:复合知识结构＋综合能力结构＋人格素质结构,如艺术类学科,不仅需要专业知识,表演能力,而且还需要提升审美素质。"四要素"法:知识＋能力＋素质＋价值,如文史类学科,对知识、能力和素质都有要求,还要求能体现出个人的社会价值,就像马斯洛需求理论中提到的人的最高层次的需求,是满足自我实现。

（二）培养规格的不同内涵

知识、能力、素质三者协调发展,对于不同的专业,其具体内涵就会有所不同。比如,综合性的课程(不可不知的国学常识)以普及为主、有大局观;对于偏基础性的课程,可能要求"基础扎实、知识面宽"(如声乐戏曲系的声乐导学一课,不仅要学习乐理视唱,而且要了解美声唱法、民族唱法、流行唱法的异同);而对应用性的课程,则要求其应用能力、实践能力要更强一些(如器乐系的即兴伴奏课程,既要求学员具有一定的钢琴演奏水平,同时又能够根据乐曲旋律自己编配伴奏)。又如,在素质结构方面,道德高尚、文明高雅是对各专业课程的普遍要求,而对于能够通过第三课堂为社区提供志愿者服务的,则提到更高层次的要求,即应当具有奉献精神。

厦门大学资深教授潘懋元先生认为:"教育质量标准可以分为两个层次,一个是一般的基本质量要求,另一个是具体的人才合格标准。"因此在培养规格的能力要求方面,笔者所在的学校提出了基本要求和发展要求。

如键盘专业基本要求：

（1）具有一定程度的音乐欣赏能力；

（2）具备一定程度的键盘实践技能，能掌握一定数量的曲目，并能通过掌握的专业知识和实践技能自主学习其他曲目；

（3）具备一定程度的表演能力。

发展要求：

（1）能用乐器进行伴奏；

（2）具有团队合作能力，能够进行器乐重奏及合奏；

（3）具备一定的和声分析能力；

（4）具备一定的曲式分析能力。

三、老年教育课程设置的依据及要点

老年人退出社会工作岗位后的生理、心理及家庭、社会关系的变化，老年人重返课堂的动机、时机以及学习成果的体现，老年人的社区学伴关系及形成，老年人对老年教育课程多元化、多样化的需求等问题，都需要我们进行社会调研并寻求应对答案。

（一）依据

1.老年群体的特性

老年人作为成人群体中的独特群体，其生理、心理与社会背景都发生了很大的变化，这是设置和建设老年教育课程一个很重要的影响因素和参考依据。

2.老年群体的需求

在课程设置方面,需求是课程设置的重要依据。老年人的需求是什么,直接影响着课程设置的种类、内容和形式。有学者认为,应该在全面掌握并细分老年人教育需求的基础上科学设置课程。笔者根据此前开展的《老年大学学员学习需求调研报告》发现,老年朋友对于"有益身心健康"类课程的学习需求排在前面。老年学员可能是由于生理功能逐渐衰退,为了预防或延缓衰老所带来的健康问题,此类课程成为老年人参与学习的首要内容。这反映了老年人最关心健康,认识到只有身体健康才能提高生活质量。对于生活艺术类的课程需求也很高,越来越多的老年人对现代科技产品的相关知识具有较强的学习需求,反映老年学员渴望与时代共同进步,提升自己的现代技术应用能力及生活品质。

(二)要点

麦克拉斯基首次提出了老年人有五类教育需求:应对需求、表达需求、贡献需求、影响需求和超越需求。应对需求:它与老年人掌控生活的能力有关,他们能控制自己的生计、生活条件等。表达需求:为了实现自己的目的而进行的活动,通常每个人都需要时间来进行一些意愿表达的活动。贡献需求:在满足自我或应对需求之外,利用多余的精力来服务社会。影响需求:通过自己的能力影响社会进而使社会或周围环境发生有意义的改变的需求。超越需求:深入地了解生命的价值,学会平衡(生活)负担和能量。

常州老年大学目前已开设的课程或即将要开设的课程更多的是满足老年学员的应对需求和表达需求。关于满足贡献需求、影响需求的课程,其实主要反映在我校的第三课堂,或是志愿者服务、社团活动,或是为社区开的指导员培训等少部分课程上。在超越需求方面涉猎较少。但实际在调研中,有两个选项,一个是人生哲学探讨的课程,一个是参加社交团体或活动,占比都在18%左右,说明老年学员确实有超越需求。

《老年大学课程建设探索》中指出:课程设置要被老年人接受,"适需""导向"是关键。"适需"即经过充分的调研,了解学员的最大需求并按需求设课。需求包含现实需求和隐性需求两层意思。现实需求比较容易被发现,一般能被老年人直接表达出来,这是他们的固有兴趣。隐性需求是暂时未被老人感受到的需求,或头脑中虽有隐约的需求萌芽,但因种种顾虑而夭折。所以隐性需求容易被忽视,光靠一般的调研是无法获得这些需求信息的。这就需要"导向",即启发引导、宣传示教,需要创造一个学习先进文化的良好环境和氛围。一定时间的耳闻目睹,使老年人对某门课程从畏难到逐渐产生学习欲望,以至跃跃欲试。所以,老年教育课程设置应该在满足老年人表层性需求的基础上,大力拓展深层性需求。

四、老年教育课程体系的构建与实施

课程体系设计是培养方案最核心的内容,也是专业特色和亮点的具体体现。

老年教育是主要针对已经退出或即将退出职业生涯的老年人,满足他们身心健康需求而进行的教育活动。一方面要适合老年人实际需求,追求可操作性和实际效果;另一方面要考虑课程的宽度、深度和前瞻性,合理引导。

基于对老年大学专业设置现状、人才培养方案的设计、学员需求调研以及课程建设发展的思考,常州老年大学将构建具有宽度、深度和前瞻性的课程框架体系。

(一)搭建"金字塔式"课程框架体系

一是设置公共基础课程模块,完善素质课程体系,作为学员通识课程。二是建立专业基础课程模块。该模块应能为各专业方向学员构筑一个基础理论较为宽广、核心技术(能)要求明确,能为学员后续的专业学习方向提供良好的知识、能力和素质结构的综合性基础课程。前面两者形成课程底层共享平台。三是确定若干专业分立课程,设置专业核心课程,形成课程中层分立平台。四是根据可持续发展要求,确定2—3门专业群拓展课程,形成课程高层互选平台。经过努力,逐步形成由公共基础课程任选模块(培养综合素质)、专业基础课程必修模块(培养基本素质)、专业分立课程选修模块(培养专业技能)和专业拓展课程互选模块(培养专业技能及实践能力)组成的"金字塔式"老年教育课程结构(见图1)。

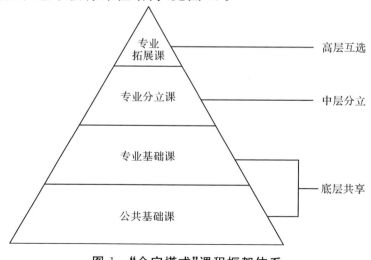

图1 "金字塔式"课程框架体系

公共基础课程、专业基础课程和专业分立课程分别设有必修课和选修课,其中选修课又设必选课和任选课。必修课是学员必修的基础性内容和应该达到的基本要求,主要分为专业基础课和专业分立课。选修课包括学员学习相应专业进行模块化选修的课程,以及满足学员个性发展和继续学习需要的任意选修内容,为跨专业、跨领域、跨学科的综合课程。其中必选课是学员在选修课程中必须学习的课程,任选课是学员在限定的课程内容中选择适合自己的课程。

公共基础任选课程主要包括国学传统、美学、老年心理学、老年人礼仪、营养与食疗等课程。

课程体系是老年教育的重要载体和支撑,是提高老年教育质量、实现老年教育宗旨和目标的重要抓手,是老年教育工作的中心环节。课程体系的构建不仅包括课程结构,更涉及一个在一定的教育理念指导下具有特定功能、特定结构、开放性知识、能力和经验的组合系统,包含目标、过程(内容、结构、实施)和结果(包含评价)等诸要素。

(二)合理安排学时

各专业依据学员具体需求,合理安排教学进度。

(1)每学年教学周为 32 周,共计 64 课时。

(2)公共基础课程一般开设 1—2 学期,专业基础课程一般开设 1—2 学期;专业分立课程一般开设 4—8 学期;专业拓展课程一般开设 2—8 学期(具体视不同课程而定)。预科班归属专业基础课程。

(三)建立学分管理制度

结合各专业特点,探索"课程超市＋学分银行"做法,建立弹性学习机制和学分管理制度。各门课程学分均为 4 学分/学期。学员荣誉毕业学分为 96 学分,学分可以累计。其中必修课程为 48 学分,选修课程为 42 学分,实践课程为 6 学分。

(四)制定教学大纲

教学大纲是落实培养方案的基本教学文件,是安排教学内容、确定教学方式、选编教材和保证教学质量的主要依据。因此,在培养方案的指导下,各系部要根据课程框架体系中设置的课程,重新修订课程大纲。从培养目标出发,一方面增加过去未开设的课程的教学大纲,另一方面在已有大纲的基础上进一步完善。积极吸取已有的教学内容和课程体系改革研究成果,吸收专业的新知识、新内容,注重各课程内容的有机衔接。

当然,课程框架体系的设定并不是一成不变的,会随着社会日新月异的变更,老年学员需求的变化而调整,所以,应结合区域优势资源设置专业特色课程,提高培养方案中课程设置与培养目标的匹配度与达成度,建设能够满足多样化需求的课程资源,创新服务供给模式,服务学员终身学习。

作者简介:高燕婷,讲师,常州市老年教育发展中心副主任、常州老年大学副校长。

获奖情况:本文荣获 2022 年首届全国老年大学校长高峰论坛征文二等奖。

发表情况:本文发表在《社会科学》2022 年 10 月刊。

老年大学课程分流制度研究与对策建议

王亮伟

一、问题提出

老年教育界在热议老年教育供给侧问题时,绕不开办学资源的不充分和不平衡问题。但在目前仅有的教育资源情况下,出现的供给侧结构性问题,仍须予以关注。

中国老年大学协会课题组曾对全国 59 所老年大学主要课程设置情况进行调查,结果发现:59 所老年大学参加各课程学习和校内艺术团活动的学员总数为 177391 人次。其中,学员人次数在万人以上的,主要分布在 5 类课程:书画类 25310 人次,占 14.27%;舞蹈类 22705 人次,占 12.8%;中西医保健卫生类 21700 人次,占 12.23%;声乐类 21547 人次,占 12.15%;计算机类 10104 人次,占 5.69%。上述 5 类课程学员人次占到总数的 57.14%。由此可见,社会上所反映的老年大学"僧多粥少"和"一座难求"情况,其背后是课程设置过于集中,老年学员"入学难"主要难在不合理的课程分流上。

再如,"老面孔"现象是老年大学校园里司空见惯的问题。许多老年学员在同一个课程学了好多年都不肯离去,以致在读十多年的老年人不在少数。从主观上分析,这里面有情感因素,少部分人占用了较多的课程资源;从客观上找原因,恐怕是学校提供的后续课程和关联课程严重不足,使得学员缺少了分流方向。

还如,目前老年大学往往采用的是网上招生,老年学员选择课程比较盲目,好多人是"望文生义",加上设置的课程缺少规划、缺少合理结构、缺少上升空间,更缺少具体的介绍和指导,势必造成老年学员在选择时比较茫然,无法达到学员合理分流的目的。

由上可见,在解决老年教育供给侧结构性问题时,必须加强对老年大学课程分流制度的研究。目前,对这种管理制度的认识还不够深入,对课程分流制度的内涵及构成要素缺乏分析,对课程分流制度还缺少实质性的推动。

二、核心概念及理论依据

(一)核心概念

1. 课程

课程最一般的意义可以理解为课业及其进程,包括教学的内容和计划与学习的范围和进程。在学科、专业和课程的体系中,课程是体现学科和实现专业目标的内容与途径。

从本质而言,老年教育不是根据社会分工培养专业或职业接班人,因此,专业对于老年教育来说更多是一种课程管理的形式。因此,老年教育专家提出"参考高校的分类,但不照搬高校的分类",重点创设适合我国老年教育特色的课程体系。

一般而言,课程体系的设定以及课程内容的选择通常需要考虑下列几个因素:教育目标和社会需要;学科体系、知识内容的内在逻辑;学生的认知规律;等等。教育对象不同,教育目标就会不同。老年教育主要是针对已经退出或即将退出职业生涯的老年人,以满足他们身心健康需求而进行的教育活动,故课程规划(目前课程形成体系的学校极少)中教学目标与国民大学截然不同。

2.课程分流

分流,原指从干流中分出一股或几股水流注入另外的河流或单独入海,也指事物、人员等向不同的道路、方向流动。如人车分流、资金分流、学术分流等。

课程分流就是根据老年社会的需求和现实可能,结合老年学员的意愿、兴趣和能力等因素,由老年大学内部对学员实施有计划、有目的、有组织的教学分流活动,使学员流入不同课程接受有差别的教育,其目的在于提高老年人的生命价值和生活质量。

3.分流制度

制度是一种能够对人们的行为具有普遍约束力的准则和规范,以调整特定社会活动规范与调整主体间关系的规则体系。由此得出,课程分流制度是对课程分流活动具有普遍约束力的准则和规范。

课程分流制度从其构成要素而言,主要包括以下几个方面。

(1)实施分流的主体。即学校负责教学管理的校长、部门(教务处)负责人和各系系主任。校长与教务处处长是分流方案的研制主体,负责研制分流方案,各系系主任是分流方案的执行主体。在构建策划分流方案的基础上,以"学校为主,系部具体参与"为主体,协调配合,具体实施分流,指导教学分流活动。

(2)分流对象。鉴于学员群体比较复杂,既有老生新生之分,又有层次高低之分,还有校内班和校外班之分,因此,在进行课程分流时,需要明确分流对象。

(3)分流依据。即学校研制的教学分流制度及分流实施方案,以及基本要求。

(4)分流程序。指课程分流实施过程中的具体操作步骤。

(5)分流时间。指分流的时间安排,这要根据学校和学员的实际情况确定或调整。

(二)理论依据

1.后现代社会学中关于"人的地位及价值"的理论

学者王莉在《社会分工在当代社会的地位和影响》中指出,后现代社会学给我们提出了具体的要求,一个健全和可以维系的社会公共生活和公共政策方面应该反映道德价值,尤其是生活的终极价值,比如提高个人责任感和社会责任感,用提高人类尊严的方式来消除痛苦,促使人们采取一种能促进他们自身健康的生活方式。

老年人退休意味着退出社会分工领域。后现代社会学告诉我们,老年人虽然退出职业岗位,但仍受到原先社会分工的影响,仍要追求道德价值、生活价值,仍具有个人责任感和社会责任感,仍要追求人的尊严和健康生活方式。这就为老年大学课程分流中的主体和对象,确定了其地位、作用和要求。

2.老年心理学中关于"个性差异"的理论

心理学中"个性"是指一个人的心理过程进行时经常表现出来的稳定特点。个性结构是复杂的多层次体系,具体包括两部分:个性心理倾向性和个性心理特征。个性心理倾向性包括需要、动机、理想、信念、世界观等心理成分,对个性发展起着推动和定向作用。个性心理特征主要包括能力、气质和性格。正是这些个性心理的差异,使得个体之间彼此区分开来。

老年心理学中的"个性",对课程分流制度极有启示:一是根据差异性,要对不同的老年学员实施分流,因材施教、因需施教,防止"一刀切""一锅煮";二是在课程分流实施过程中,要合理设计,尊重学员的自主选择,依据个性差异给他们最大限度的课程满足。

3. 运动学中关于"身体素质差异"的理论

运动学强调,身体素质包括五方面:速度素质、力量素质、耐力素质、灵敏素质和柔韧素质。

年龄增长直接影响到身体素质。而身体素质的好坏直接反映了人们在日常生活中承受能力的强弱。同样,由于身体素质的差异,老年人对课程的选择,有的充满信心,有的会"力不从心"。另外,性别差异、体力和非体力劳动者差异、城乡地域差异等,同样会影响学员对课程的选择和课程分流。

三、国内外高校分流制度的借鉴

国内高校目前所依据的是专业分流,主要有两种形式:一是"进校即分流"的单纯专业教育,二是"进校后分流"的通识教育与专业教育相结合。有些发达国家高校的专业分流更加灵活,充分尊重个人意愿,实行多次分流。这些分流形式对老年大学课程分流无疑具有现实的借鉴意义。

（一）学生意愿放在首位

许多高校认为,只有尊重学生的意愿,学生才会充分发挥个体的主观能动性,不断地挖掘个人的兴趣及潜力所在,只有这样,人才培养活动才是高效的。国外有些大学,为了最大限度地让学生得到发展,允许学生多次分流,允许学生自设个性化专业,不受行政部门规定的专业和课程名称的要求限制,班级人数也不设限。

（二）灵活开放、简洁明快

国内高校专业分流采用较多的是"固定时间型",这有助于分流的组织和引导,防止学生流失。国外要灵活得多,有的大学允许学生多次分流,及时调整到自己感兴趣的专业领域进行学习,而且分流的手续比较简单。

（三）多重指导、贵在平时

高校在专业分流时,应为学生提供相应的咨询指导。为让学生尽可能全面了解专业情况,学校通过多种途径公布专业信息,并准备了学生手册,通过师生交流会、校友见面会让学生深入了解各个专业。还专门设计课程,让感兴趣的学生去任意听课,同时提供导师指导咨询。

四、老年大学课程分流制度存在的问题

（一）课程资源的狭隘性导致分流对象的狭隘性

老年教育在发展中出现的不充分、不平衡的特点,主要体现为课程资源严重不足,教育供给满足不了需求。即使在经济较发达地区的老年大学,也普遍存在"一座难求"的现象,有学校还出现一二十年不愿意离校的"恋校生",甚至还有盯住一门课程,循环往复地学上十多年的"钉子户学员"。有趣的是,同一个班拥有"好中差"不同层次的学员,老师执教的往往是复合班;相当多的老年大学没有毕业甚至没有结业环节。

在课程资源比较紧张的情况下,让老年学员进入分流程序与环节是比较困难的。学校因为"僧多粥少",往往处于应付状态。再加上课程的"热门"和"冷门"之分,让许多人只能在不喜欢的课程中选择,在一定意义上,也相对剥夺了学员的选择权利。学员作为分流对象,分流制度的制定和执行与他们的利益密切相关,而学员在整个课程分流中拥有的话语权是很少的,基本处于被动的地位,"以老为本"的办学理念并没有得到充分体现。

(二)课程设置的随意性导致分流依据的边缘化

老年大学课程设置比较随意。客观上说,学校设置课程较多受师资牵制,常常出现"课随人走"的现象。一个优秀教师的离校往往意味着这门课程的结束;即使有相同科目的师资,也往往因为没有课程大纲和标准,导致课程内容大相径庭。这样随意地设置课程,致使课程设置缺乏计划性、系统性和持续性,并且直接影响学员,他们不知课程要求,无法按分流依据去选择,其结果就是只能依照自己的主观意愿,因此,课程分流的随意性更大。

(三)课程选择的盲目性导致分流程序的失序性

刚进老年大学的学员面对五花八门的课程该如何选择?据说很多老年人择课呈现为"羊群效应"。老年人选择课程的"羊群效应"致使老年人进入课程学习中兴趣索然,甚至中断学习。老年人在课程选择上表现出非理性状态,客观上要求老年大学必须对他们进行选课指导,如同对应届高中生进行填报志愿指导一样,给予关怀和帮助,避免盲目性。

学员能否选择到自己满意的课程,除了与课程分流有关外,对各门课程信息的捕获程度也很重要。因为选择课程的过程,就是对各课程相关信息和自身实际学习需求进行审视的过程。学校往往通过网上公布招生信息,相当多的老年人还不习惯上网搜索信息。作为刚从实职岗位退下来的老年人,由于离校较久,对老年大学还是感到陌生新奇的,其相关信息的占有量是极其有限的。这就要求学校通过多渠道、多途径,对各个大类的课程尽可能提供全面细致的信息,以便学员抉择,有利于合理分流。

许多学校的招生简章,介绍比较简单、咨询比较笼统、接待时间有限,学员的信息获取更是零碎的、片面的。课程咨询、指导的缺失,必然给学员带来选择课程的盲区和占有课程资源的不平衡。

(四)课程管理的单一性导致分流时间的单一性

因为人手紧,老年大学往往在管理上采取"重管理、轻服务"的做法。制定相关政策往往是从学校、系部的组织管理角度出发,而在课程分流中的操作过程,包括学籍的变更、学分的转换、退学退费、中途转课程等,这些学员的个人需要或诉求则被边缘化了。

课程选择作为学员在退休以后接受老年教育的一个重要行为,应建立在学员独立判断、独立意识的基础上,需要留给学员足够的理性选择的时间和空间。而老年大学通用的做法是采用统一的进度来展开活动,这其实是无形之中将学员的思维活动限定在狭窄的范围内,缺乏一定的变通。

五、老年大学课程分流制度的对策建议

(一)广开发、多引导,扩大分流对象

老年学员作为分流对象,是课程分流的受益者。他们有选择课程的意愿,更有选择课程的权利。问题是,在目前课程资源供给比较紧张的情况下,势必对分流对象——老年学员产生诸多影响。

因此,在课程上只有做到从量变(课程的广泛开发)到质变(课程的深度满足),才能较好解决上述问题。一方面,开发出足够的课程量,一批批新课程进入老年人的视野,既能拓展课程选择的总量,又能为老年学员深化学习创造条件。另一方面,各门类课程具有一定的系统性、结构性和层次性的区分,才能带动并开发出源源不断的课程资源。量变和质变密不可分,相辅相成。

这里涉及课程设置的一个重要原则,即遵循马斯洛的需求理论,将缺乏性课程设置与成长性课程设置相结合的原则。老年学员的学习需要总体上划分为两类,即缺乏性学习需要和成长性学习需要,这样就导向两种类型的课程设置:满足缺乏性学习需要的适应性课程设置和满足成长性学习需要的引导性课程设置。前者属于精神文化需求的"补缺",后者属于精神乃至生命的"成长"。

适应性课程,是针对老年人感受到自身知识结构缺乏的现代知识和现代社会生活技能需要而设置的。目前,这类课程设置占总课程量的比重较大。由于受教育程度、人生阅历、求学目的、兴趣爱好不同,加上区域文化、经济发展水平的差异,老年学员对自己感兴趣的课程也各不相同。所以,应当设置内容丰富、形式多样、层次各异

的适应性课程,以积极应对老年人对知识技能的"缺乏需求"。

引导性课程设置,是针对老年人生命成长、提高生命质量而需要学习的课程设置,其特点在于:老年人虽然对此没有感受,暂时没有学习愿望,但经引导而进入这类课程学习,就体会到课程学习对生命成长的重要性。可以预见,此类课程的班级数和学员数将会与日俱增。

必须指出的是,有相当多的老年大学,还在办群众性的简易娱乐课程,把应该属于社区办的老年教育课程揽在自己手里,致使好多社区老年大学缺失了基本生源。地市、区、社区各级老年大学,可实行课程资源统筹,做到"课程衔接,管理联动,学分互认",这在无形中就扩大了课程分流对象。

(二)补基础、活模块,完善分流依据

老年人有丰富的知识和阅历,他们的认知结构比较丰富和复杂,不能把老年人当作一张"白纸"了。而且每个老年人所拥有的知识和人生经历各不相同,从这个角度看,针对老年人的课程是最复杂的,而相应采取的课程方法也不尽相同。因此,在课程分流上应采取两条措施:

一是补基础。由于老年学员的学习基础不同,对某知识技能领域的需求具有层次差异,学习能力也具有差异,老年人客观存在着的学习差异向老年大学(老年学校)提出了建设现代化课程体系的要求,要求老年教育的课程设置在结构优化的基础上,增加多层次、多样化的课程模块。这不仅指每类课程的内容由浅入深,还包括各课程模块知识层次之间的相互联结。无论何层次,都要解决"入门"问题,也就是说,每个层次要设置适当的课程"门槛"。"入门"也好,"门槛"也好,不是将老年学员拒之门外,而是根据不同人群层次,进行基础性"补课"。

二是活模块。是指课程的多样性和学员选择的广泛性。为了适应老年人,老年大学课程建设必须引入"长尾理论",不断扩大课程体系。课程体系犹如长尾一样,既有热门课程,又有冷门课程,具有无限的选择性,可任学员各取所需。例如:课程内容可大可小,课程组合可远可近,课程集群可多可少,课程时间可长可短,课程衔接可早可晚,课程合作可上挂下联,等等。课程模块化体现灵活多样,如:可设置微型课程、专门化方向和系列专题等。通过各类课程教学积累,逐步形成课程群和课程链,并转化成由模块组成的课程体系。

(三)重选择、计学分,优化分流程序

针对分流程序中缺少足够的指导现象,可以从以下几个方面进行优化。

1. 加大课程信息宣传力度

鉴于老年人背景条件不同,其对课程内涵缺乏了解,在获取课程信息量上很不对称,对已获取的课程内容的感知也比较模糊笼统。因此,老年大学要将相关信息的传递融入平时的日常教学中,融入学员日常生活中。从学员进校前后,不间断地提供相关课程信息,举办"教学开放周"活动,让老年人走进课堂熟悉课程。加强课程引导,既要充分展示"冷门"课程的发展前景,又要指导学员不要盲目跟风,一味追捧"热门"课程,使老年人对各课程有一个比较清醒客观的认知,并有目的、有追求地选择。这就是在课程宣讲中引导、激发老年人的精神文化需求。

当然,课程宣传还涉及老年学员的"入学教育"问题。要加强对退休老年人的生命教育和"人生规划"指导,这是老年学员进老年大学不可或缺的"必修课"。

2.尊重学员选择权利

有专家认为:"老年人学习目的有五个层次:一是为了健康快乐的目的;二是为了文化养老的目的;三是为了跟上时代发展的适应性目的;四是为了开发潜在能力的成能成才目的;五是为了人生价值的自我实现的目的。"这样五个层次,分布在不同的老人群体中。尊重学员选择权利,说到底,就是尊重学员不同层次的选择。不同的人群抱着不同的学习目的,老年大学要分别去适应;同一个人抱着不同的学习目的,学习后会提升自己的学习目的档次,老年大学同样要引导和帮助他们达到较高层次。

3.重视课程学分管理

实行弹性学制下的"学分银行"管理,比较适合老年大学课程管理。常州老年大学对此做了有益探索,并做出具体规定。如:各门课程学分均为 4 学分/学期。各系根据已审定的专业课程框架体系,提供课程主干的必选课程、选修课程、实践课程等,让学员选择。实行严格的毕(结)业制度。学员毕业学分为 96 学分,学分可以累计。其中必选课程为 48 学分,选修课程为 42 学分,实践课程为 6 学分。实践课程及其学分认定,由学校教务部门负责公布,对每项活动确定其学分及其最高额度。学校鼓励学员跨系选修,学分互认。经学校同意,纳入学校统一计划的有关分校、办班点和合作学校所开课程,其学分实行互认。

该校还规定学员根据学校公布的各系开课计划,根据自身实际需求,自主选择上课时间和相关课程。学员每年所选各类课程的总学分,原则上不得超过 24 个学分(即 3 门课程,不含社团性质的课程)。有严格先行后续关系的课程,必须先选先行课,取得学分后才能选后续课。对于申请免修先行课程的学员或中途插班学习的学员,由课程所在系部通过相关方式进行考核。考核合格方可直接选修后续课程或插班学习,其插班免修的课程,可给予个人计入该课程的 1/2 学分。

(四)长学制、分阶段,灵活分流时间

鉴于老年学员对老年大学课程有个熟悉过程,应适当增加课程分流的次数。如,常州老年大学每年分两次招生,春季招生以"半年制"的预科班为主,让老年学员进行试探性学习,以便在较短时间内让学员"认知课程、认识自我",进行"有前提条件"的选择分流;再如,秋季招生以"长学制"为主,按专业设置的主干课程,其学制一般分为 6 年或 8 年,并且规定,必须按"2+2+2"或"2+2+2+2"等"学年段"设定课程时间。招生即按"学年段"进行。这样,学制能较好体现课程的梯度和等级。而每个"学年段",学员可以分流,不会让学员进校即"从一而终"。

当然,学校设立弹性学制,建立"学分银行",让学员在校完成累计学分的周期,最长可达 12 年。这样,为学员灵活分流创造了极为便利的条件。

获奖情况:本文荣获 2018 年第十三次全国老年教育理论研讨会征文二等奖,2019 年第五届江苏省老年大学协会"江苏省老年教育优秀论文"一等奖。

发表情况:发表于《终身教育》2020 年 2 月刊。

老年大学课程内容选择中的误区及对策

王亮伟

一、老年教育资源不充分不均衡的主要症结

课程专家认为,课程内容的概念在三个层面上使用:一是在课程标准的层面上,作为课程目标具体化的课程内容;二是在教材的层面上,作为课程标准具体化的课程内容;三是在课堂教学的层面上,作为实际教学过程中实施的课程内容。这三者的主体内容应该是相同的,三者之间的差异正体现了不同主体(课程标准的研制者、教材编者、教师)选择内容的差异。

老年大学课程内容的概念,同样体现在上述三个层面,但还需考虑下列几个因素:与其他类别教育相区别的教育目标,老龄社会需要和老年人实际需求;体现老年教育的学科体系、知识内容的内在逻辑;老年学员心理特点及认知规律等。老年教育主要是针对已经退出或即将退出职业生涯的成年人,为满足他们身心健康需求而进行的教育活动,其课程内容的选择与国民教育截然不同。从本质上而言,老年教育不是根据社会分工培养专业或职业接班人,因此,课程内容的选择,用老年教育专家的话说,就是"参考高校的分类,但不照

搬高校的分类",重点创设适合我国老年教育特色的课程内容。

谈到老年教育的课程内容,总是绕不开办学资源的不充分和不均衡问题。问题的症结,好多人往往会归咎于法律、社会、政府、学校或个人,应该说,这确是一个系统性问题。在目前的教育资源情况下,出现供给侧结构性问题,原因主要在于老年大学本身的课程内容,或在课程内容的选择上出现了误区。

老年教育在发展中出现的不充分、不均衡的特点,主要体现为课程资源严重不足,教育供给满足不了需求。反映在课程内容的选择上,表现为体系散乱、结构零碎,具体内容过于单一集中、固化呆板,还有教材不配套,教法老一套,等等。

因此,要解决课程内容上的症结,必须加强对老年大学课程内容选择的研究。目前,尽管老年教育界普遍重视课程设置和内容选择,但又出现一些"矫枉过正"现象,在认识和行动上还存在一些明显的误区。

二、老年大学课程内容选择中的误区

(一)过度强调实用性,而忽视了发展性

选择某种知识进入课程,在课程理论发展史上存有争议。形式教育说认为,选择某种知识,是因为它可以训练人的智力,使人变得聪明,即具有对学生个体的发展价值;而实质教育说认为,选择该种知识,是因为它具有实用价值,可以去实现自己的各种生活目标。

目前相当多的老年大学,过度强调老年人思维、心理及需求的特殊性,认为老年大学仅仅是为老年人提供休闲、娱乐和健身教育的实

用课程。也有人认为,老年大学既然是一所不发毕业证书的学校,就应该模糊老年教育的发展价值,忽视课程层次的拓展,简化课程内容的布局调整,因此新思想、新知识、新经验和现代人文教育明显不足,难以满足广大老年人日益增长的对高层次、高品位、高质量精神文化产品的需求。这种想法体现在教材上,只作简单处理,不做深入研发;体现在课堂教学方法上,脱离老年人实际,与教育目标明显脱节;体现在课程进程上,缺少科学计划和进度。

(二)过度强调生活化,而忽视了学科性

传统意义上的课程内容选择,总是自觉不自觉地以学科结构的需要为依据,这是课程内容选择的学科化。诚然,对此要做一分为二的分析。老年教育如过于关注学科结构的课程,易远离学员的生活;但过于生活化的课程,易湮没学科的基本结构。

当前老年大学的课程结构大多呈现为"零打碎敲""单打独斗"式,课程内容的"短平快""碎片化"已成常态,课程内容过于追求生活化,缺少学科系统性,缺乏宽度和梯度,前后不衔接,教材不配套,课堂教学另搞一套。

有些课程内容联系现实生活是必要的,但是在选择上存在问题较明显:一是课程内容生活化有点过度。有些图片、卡通没有必要,零碎的学科知识湮没在图画和生活实例中,对学科知识的理解没有多大作用,反而降低了学科水平,极易陷入经验主义泥潭。二是课程内容生活化超过或低于学员的知识水平。部分内容的呈现方式低估了学员的理解能力,而展示结论时又高估了学员的理解力。三是课程内容生活化不符合生活实际。有些实例是教材编写者自己设想的,并不符合实际情况。四是课程内容生活化与学员的年龄特征不

相符。对理性思维已有相当发展的成年人,过多采用生活化的内容既相当烦琐,又限制了对老年学员理性思维的拓展。

(三)过度强调时代性,而忽视了基础性

课程内容中选择基础性知识,这是我国各类教育中的一贯做法。老年教育界有许多人士认为老年教育强调基础知识,没有必要;"有教无类",想进则进,不设"门槛";老年人年岁大了,学基础没有底,最要紧的是让老年人跟上时代步伐,共享最新最近的东西就可以了。

对老年教育要不要强化基础,确实要具体问题具体分析。老年人有丰富的知识和阅历,他们的认知结构比较丰富和复杂,不能把老年人当作一张"白纸"。但是,每个老年人所拥有的知识和人生经历各不相同,从这个角度看,老年人的课程基础是极为复杂的。由于老年学员的学习基础不同,对某知识技能领域的需求具有层次差异,由此反映在学习能力上也具有差异。

现实情况是,老年大学招收的各课程起点班,学员基础参差不齐,成了"优中差"复式班,再加上教学中途无序插班,更是导致学员良莠不齐。好多老年大学课程班特别是技能型课程班,教师无法进行有效教学,更谈不上因材施教。其实,无论处于何种层次,都要解决"入门"问题,也就是说,每个层次要设置适当的课程"门槛"。"入门"也好,"门槛"也好,不是将老年学员拒之门外,而是根据不同人群层次,进行基础性"补课"。基础对任何一种学习,都十分重要。

(四)过度强调主导性,而忽视了选择性

学校及其教师是课程内容选择的主导者,老年学员是受教育者,是课程内容选择的受益者,两者都不容置疑。问题在于,主导者成了主宰者、强势者,"我定什么就上什么"已成为课程内容选择的主流,学员尽管有选择课程班的意愿,但没有选择课程内容的权利。良好的教育生态,在老年教育领域难以实现。客观上说,在课程资源比较紧张的情况下,要让老年学员进入课程内容选择是比较困难的。学校因为"僧多粥少",往往处于应付状态。再加上课程的"热门"和"冷门"之分,让许多人只能在不喜欢的课程中选择,在一定意义上剥夺了学员的选择权利,他们在课程内容上拥有的话语权是很少的,基本处于被动的地位。

学员个性本来就是多种多样的,赋予学员课程选择的权利是老年人生命价值和生活质量发展的基本保障。要尊重学员自主选择的权利,听取他们的意见和建议,给他们提供不同的课程内容,帮助他们形成不同的价值观念和生活信念。

三、老年大学课程内容选择的对策建议

(一)课程内容的选择应该兼顾实用性与发展性的统一

老年学员的学习需要总体上划分两类,即实用性学习需要和发展性学习需要,这就导向两种类型的课程内容选择:一是满足缺乏性学习需要的实用性课程内容,二是满足成长性学习需要的发展性课程内容。前者属于精神文化需求的"补缺",后者属于精神乃至生命的"成长"。

目前,实用性课程设置占总课程量的比重较大。由于受教育程度、人生阅历、求学目的、兴趣爱好、关注事物的不同,加上区域文化、经济发展水平的差异,老年学员对自己感兴趣的课程也各不相同。

所以,设置内容丰富、形式多样、层次各异的实用性课程,以积极应对老年人对知识技能的"缺乏需求",也是必要的。

发展性课程内容,是针对老年人生命成长、提高生命质量而需要学习的课程设置,其特点在于:老年人本身对此没有感受,暂时没有学习愿望,但经引导而进入这类课程学习,就体会到课程学习对生命成长的重要性。可以预见,此类课程的班级数和学员数将会与日俱增。

课程专家认为,课程的作用,不是因为我们记住了学习过的任何东西,也不是我们能够运用这些知识,而是这些知识有助于我们的思维、感觉和想象。可见,课程的核心功能在于对学生的心智发展价值。要实现这一功能,就必须考虑选择那些对学员智力训练价值较大的知识作为课程内容。

由上分析可知,实用性的课程内容便于课程实现其社会价值,发展性的课程内容便于课程实现其对学生的思维训练价值。在课程内容的选择过程中,必须坚持两方面相统一。课程应该通过提高人的全面素质去实现其社会价值,因而,课程内容应该选择对人的发展价值较大的、有一定使用价值的知识。诚然,有的知识兼备这两种功能,毫无疑问是课程内容应该首先选择的知识;而较多的知识只具备其中一种功能,如果某种知识在某一方面的功能特别突出、有效,也不应该简单地将其削弱和淡化,忽略了其特有的作用和价值。

(二)课程内容的选择应该兼顾生活化与学科性的统一

客观上说,老年大学课程内容较多受制于师资队伍,常常出现"课随人走"的现象。一个优秀教师的进、离学校,往往意味着这门课程的开办或结束;即使有相同科目的师资,也往往因为没有学科体系和课程标准,导致课程内容大相径庭。这样随意地设置课程,致使课程设置缺乏计划性、系统性和持续性,难以形成课程团队的合力和影响力。

依据学科结构选择的课程内容,有利于人类文化的传递与发展,有利于保持学科知识的系统性和结构性。因为某一学科的课程内容是从该门学科长期积淀的知识中选择的,为该门学科的代际传递和科学发展打下了基础。某一学科之所以能成为一门学科是由于自身具有逻辑体系,内容学科化的课程往往具有较强的逻辑体系和系统性,这对培养学员的逻辑思维能力和掌握学科的基本结构均有好处。但是,课程内容学科化导致过分注意学科严格的逻辑体系,而形成较为封闭的课程系统,长期学习这样的课程,容易导致学术视域窄化,难以用整体的、联系的知识去解决问题。同样原因,也使封闭的学科难以联系生活、联系社会,同时难以开放性地吸收最新科技、文化成果,从而一定程度上抑制了课程内容的更新。可见,课程内容学科化有利有弊。要避免学科弊病,就要在课程中增加联系现代社会生活的内容,即课程内容生活化。

(三)课程内容的选择应该兼顾时代性与基础性的统一

老年学员的基础性补课不是从零开始,而是精中求简,把对学科、对学员、对社会而言都必需的、真正的基础知识精选出来。从现代科学、技术、文化成果中,选择具有代表性、典型性、与基础知识联系密切的内容作为课程内容。用现代观念形成基础知识的组织结构和呈现方式将课程放在平台上,实现可视化和即时性的处理。这样就较好地实现两者的统一。

老年人退休意味着退出社会分工领域。后现代社会学告诉我们，老年人虽然退出职业岗位，但仍受到原先社会分工的影响，仍要追求道德价值、生活价值，仍具有个人责任感和社会责任感，仍要追求人的尊严和健康生活方式。这就为老年大学课程内容选择的时代性和基础性，确定了其地位、作用和要求。

(四)课程内容的选择应该兼顾主导性与选择性的统一

只有课程的多样性，才有学员选择的广泛性；只有学员的选择性强了，学校和教师的课程主导性才能充分显示。为了适应老年人，老年大学课程建设就必须引入"长尾理论"，不断扩大课程体系。如：课程内容可大可小，课程组合可远可近，课程集群可多可少，课程时间可长可短，课程衔接可早可晚，课程合作可上挂下联；等等。课程模块化体现灵活多样，如：可设置微型课程、专门化方向和系列专题等。通过各类课程教学积累，逐步形成课程群和课程链，并转化成由模块组成的课程体系。

尊重学员选择权利，说到底，就是尊重学员不同层次的选择。不同的人群抱着不同的学习目的，老年大学要分层次分群体地去适应；同一个人会因学习情况调整自己的学习目的，老年大学同样要引导和帮助他们提升到一个更高层次。

尊重学员选择权利，重在指导学生选择的方法。广大学员在课程内容选择上往往带有一定主观性和盲目性。解决矛盾的关键是指导学员选择的方法，首先引导学员合理规划自己的退休生涯，其次引导学员根据自己的禀赋水平和专业心理倾向选择合适课程，再次引导学员培养可持续学习精神，循序渐进，不断进步。

　　获奖情况:本文荣获 2019 年全国老年大学规范教学管理征文二等奖。

　　发表情况:发表于《金陵老年大学教育研究(2020)》。

　　刊登情况:刊登于常州老年大学学报《大观》2019 年 8 月,总第 2 期。

第三章　校园人文化

老年大学文化标志及其建设

魏 平

一、实施背景

老年大学学校文化是以学校主题精神为主要特征的一种群体特色文化。这种文化具有标志性,其文化内涵是老年大学独特的、独有的,并具有极大的影响力。从 2016 年起,常州老年大学在习近平新时代中国特色社会主义思想指导下,探讨新形势下老年教育学校文化的思路和途径,全力推动学校文化特色项目建设,从构建学校文化高地的角度,开展了一系列学校文化特色标志性的工作和活动。

二、主要目标

(一)确立发展特色文化标志的目的

没有特色就没有文化。学校文化的特色主要反映在校园的精神和物质标志上,让人一走进老年大学校园就感受到它是区别于其他类型学校的具有独特、独有内涵和影响力的学校。

常州老年大学精神文化建设的指导思想是:充分融合社会主义核心价值观哲学内涵、老年教育文化气韵和老年人生理心理的积极内蕴,充分挖掘本校办学实践中的崇高精神品质,充分发挥师生弘扬学校精神的主体作用,铸建老年教育精神文化高地,展现学校特色个性和精神风貌。

为此,学校重点推进并实施精神文化"三大工程"建设。

1. 实施学校精神培育工程

学校将2016年定为"校庆文化建设年",其目的是能够记住并传承学校历史上已被"固化的东西"——学校优秀文化的积淀。这种文化积淀,首先是学校精神,它由办学指导思想、办学宗旨、办学理念、校训校风等学校文化的精神要素所构成。学校校长在回顾学校历史时做了概括,即每一个创业阶段都保持着薪火相继、血脉相连的"承先启后"的历史渊源;每一段发展历史都凝结着老年大学"以老为本"、服务老年朋友的办学理念;每一个新的跨越都散发着"自强不息、追求卓越"的奋斗精神;每一项专业课程实践内容,都秉承"老有所为"的生命价值。校庆期间,学校对学校精神的形成和实践过程做了梳理总结,并利用各种渠道和多种形式做了广泛推介。

为了更好培育学校精神,常州老年大学在2017年下半年创作了《校园组歌》,其主题采用学校校训"我们永远年轻",并分别由序曲和六个篇章组成。这是由学校独立创作的、讴歌老年大学历史和现实生活的、宣传学校精神的、具有地方和学校文化元素的系列声乐作品。2018年元旦,学校举行新年音乐会,首次将《校园组歌》搬上舞台,宣传推广学校精神,让广大教师和学员受到了一次生动形象的教育。

2. 实施校本课程开发工程

文化品格的生命力源于内部、起于本土。常州老年大学旧址是明代起始的"三吴第一楼"的"大观楼",是常州府治之门。学校周边至今还存有"大观路"。为什么起名大观楼?大观者,宏伟壮观,所谓泱泱大观也。《易经》云:"大观在上,顺而巽,中正以观天下。"治政者无不"以观天下"。

2016 年,学校以"大观"命名学校举办的文化讲堂,称为"大观讲堂",凡学校重点开设的校本课程都放到该讲堂进行试讲并逐步推出,其目的就是帮助广大学员树立"高瞻远瞩""以观天下"的博大胸怀,培养孜孜以求、勇于进取的学习精神。每学期,学校制定"大观讲堂"讲课计划,精心打造讲堂的品级,使之成为学校标志性的具有影响力的文化品牌,引领学校的文化高品位和新风尚。

学校根据本地学员的兴趣及需要,结合当地历史、文化、传统、习俗,充分利用学校和社会的各项资源自主开发和实施课程。校本课程一般具有浓郁的地方特色,深受老年学员的喜爱。从学校层面到各系部,结合常州历史遗存、名人大家、地方文化、民俗习俗等,开发了一批具有本地鲜明特色,深受老年学员欢迎的校本课程。其中具有代表性的课程有:"常州文脉""历史文化名城""常州旅游与文化""街头巷尾""常州民间的苏东坡"等;还开设"刘国钧,常州的骄傲"等课程,介绍本地的近现代杰出的爱国实业家的奋斗史。居亦琴老师、吴小童老师是非物质文化遗产——锡剧的传承人,开设的"锡剧形体"课程将"锡剧"的说唱舞蹈艺术带进老年大学课堂;已故的方兆兴老师是常州非物质文化遗产——常州大麻糕的传承人、中式面点国家级评委,生前开设的"家用点心小吃",传授包括常州大麻糕在内的特色面点的制作方法;蔡瑞龙老师将地方剪纸艺术编写成校本教材《剪纸》,获江苏省老年教育教材一等奖;等等。

3.实施师生榜样引领工程

办学三十余载,大批优秀教师和学员是学校宝贵的精神财富,"杏坛耕耘、桃李满天"的教师是学校的精神宝藏。在教师中开展"教坛新秀""教学能手""骨干教师"和"老年教育名师"四级阶梯式的评选,在学员中开展"文明长者"和"智慧长者"的评选,对于先进典型人物和典型事迹,进行深入采访,总结经验和做法,召开颁奖表彰大会,编辑人物宣传专版,在师生员工中引发较好反响,为在校教师和学员树立起身边的榜样,让榜样更具亲近性、真实性、示范性,引领了校园健康积极的精神风貌。

(二)建设以倡导实践精神为标志的创新高地——学校行为文化建设

行为文化是学校精神和办学理念的最直接最能动的反映。学校规范行政管理行为和师生行为习惯,打造丰富多彩、喜闻乐见、富有实效的学校文化活动,并在提高参与率、扩大覆盖面、加强组织和管理上下功夫。

第一,坚持学校制度的创新。制度是行为的规范和准则。学校制度创新是在与旧的思维意识碰撞过程中,产生新的文化使命,并在文化使命的指引下不断前进,这是一个新时代赋予学校的价值追求。实践证明,学校的每一次进步和发展都伴随着学校制度创新。

近两年,学校主要围绕以建立并完善"两级管理"体制、岗位职责及考评、课程改革及措施等为代表的学校内部管理制度,开展系列的创新和实践工作。例如分别制订了《各类岗位职责与条件》《加强系部建设的若干意见》《开展校级精品课程创建工作的意见》《推进"课程改革建设年"工作的若干意见》《实行学分管理办法》《教坛新秀、教学能手、骨干教师和老年教育名师评选及管理办法》等30余项规章及制度。学校在实现决策程序化、科学化的同时,根据发展需要,积极创新制度管理,将校级的和部门、系部之间各项规章细化或分解成阶段性的目标任务,便于大家了解领会,并在实践中贯彻落实,从而形成共识。在相关规章制度执行一个阶段后,视具体情况,通过民主程序再做合理修订,并汇编成册。

这种民主化过程,逐步形成了本校的制度文化,在学校管理和制度文化育人及师生行为养成中发挥了较好的作用。

第二,为学员搭建"课程选择"平台、"综合服务"平台和"才艺展示"平台,提高学员的综合素质和能力。学校分类设置专业课程体系,实行课程模块化。各专业课程由"必选课""选修课"和"实践课程"构成。其中"必选课"指各专业必须选学的课程,"选修课"指非专业或与专业相关的课程,"实践课程"则指学校和系部开设的第二、第三课堂以及社团组织活动等。学校鼓励学员跨系部选修,学分互认。各系部必选、选修和实践课程均可供其他系部学员选修。与之配套,学校实行"学分银行"管理,学员毕业学分暂定为96学分,学分可以累计。其中必选课程为48学分,选修课程为42学分,实践课程为6学分。学校设立学员学分记载档案。对按规定完成学分的学员,学校定期颁发"常州老年大学荣誉毕业证书"。

学校为学员设立的"综合服务"平台,形成了系列组合,如在1号楼大厅分别设立了"一站式服务区"和开放式阅览区,在2号楼大厅设立了老年人心理服务中心、法律咨询室和医院门诊等服务机构,相对集中地解决了老年朋友涉及招生、健康、法律、阅读、游学、休闲和购置文化用品等方面的需求。

学校为学员分类解决了"才艺展示"的平台,如为学书画、手工制作的学员建立了"常青树艺术馆",每年对外展出 12 期;如为学艺术的学员建立了演艺厅,常年提供演出场地,并配置功能完整的设备设施;如为学信息技术、文史的学员建立了网上展示栏目,网上摄影展、文学专栏、微视频等琳琅满目,不一而足。这些都较好地满足了学员学习提高的展示需求,并办成了学校最隆重、最热烈、最有影响力的平台。

第三,以学员社团活动为载体,以"我是志愿者""我是朗读者"等活动为抓手,开展"三自能力"教育(自我教育、自我管理、自我服务),延伸学校课堂教学,丰富师生第二、第三课堂活动内容。让每位师生从课余做起,从身边做起,从小事做起,从常规做起,学会做人、学会感恩,关爱集体、关爱他人。倡导全员文明修身承诺和行动,养成良好的行为习惯,提升文明素养水准,并做到大型活动精品化、中型活动特色化、小型活动常态化、品牌活动普及化。

(三)建设以校园特色景观为标志的文化品牌高地——学校物质文化建设

学校物质文化是学校文化的空间物态形式和必要物质载体。作为向师生渗透教育影响的"隐性课程",它具有"滴水穿石"的力量。我校的物质文化建设突出思想性、知识性、艺术性,结合地域性、老年性、专业性,进行"整体设计,分步实施",为师生员工创造有利于学习、工作、生活和娱乐的文化环境。

1.校标、校徽

2016年5月,学校经公开征求意见后公布新校标方案。新校标采用明代著名书法家张瑞图书法中的"老"字,巧妙地使之成为艺术化的线条图案,并与中英文校名相辅相成,构成统一的标志标识。其含义为:(1)校名中有"老"字,取其"老",明确显示本校办学主题、办学方向和构成主体等,学校特征鲜明。(2)原书法"老"字已呈艺术化影像,结构虚实结合、张弛合理、色调柔和,象征老年人学习、休闲、娱乐、运动的形态,既表明老年人虚怀若谷、志在千里的博大胸怀,又反映老年人"老有所学,老有所养,老有所依,老有所医,老有所为"的美好未来。(3)采用中英文文字与书法"老"字有机结合,其廓形显硬朗,更富雕塑感和力量感。

在三十周年校庆前夕,学校在此基础上推出新校徽。新校徽呈圆形徽章,由校标和校名中英文组成,灰色为底,文字与装饰圈为绿色,图案设计新颖,色彩醒目突出,风格高雅大气,一经推出,受到教师和学员好评。

2.标志标识及其应用

2016年5月,学校提出创意,委托专业设计公司进行VI形象手册设计。其内容包括两个部分:一是基础部分,其中有主LOGO形态,主标识方格制图,主标识的标线形式,中英文标准字,学校标准色,主标识的比例关系,标识禁用范围等;二是应用部分,主要包含标识在学校各方面的应用,并形成标识系统。

3."经典老人笑脸"雕像

学校"经典老人笑脸"雕像共计10尊,于2016年9月在艺术馆开馆时同步展出,并作为学校艺术品永久珍藏。

雕塑,是凝固的艺术,其文化价值往往能凝聚一种文化氛围,成为一种文化象征。10位不同的老人,10张不同的笑脸,却怀有共同的情怀:我们快乐,我们健康,我们时尚,我们永远年轻。雕像的笑脸原型大多采自常州老年大学的老年朋友,老年朋友们都能从一尊尊艺术形象中寻找到自己熟悉的影子。

4.景观文化

校门口地标景观——"而立园",为纪念建校30周年而建,并突出文化主题,即表现历届老年大学人"继承光荣传统,开创美好未来"的宏伟愿景。其园以景石、凉亭、花架、水池为主要景观元素,营造闹中取静、鸟语花香之意境。景观层次分明:开阔草坪点缀稳重大气太湖石主景,用苍劲"盆景式"松树衬托,颔首迎客,此为第一景观层次。凉亭一角和花廊架在郁郁葱葱的林中隐约可见。入得园内,一阵鸟语花香,20余种花卉,四季有花可赏:月季烂漫,杜鹃绚丽,牡丹雍容,梅花傲霜,紫薇婀娜;花廊架布满凌霄、紫藤等藤本植物。俄顷,有"伴亭"翼然,停下小坐,清风徐徐,凉亭前水池内鱼儿嬉戏,漫步赏花、观鱼,闻香知趣,不亦乐乎,此为第二景观层次。放眼望去,围墙边高大常绿树香樟、桂花映入眼帘,此为第三景观层次。

园中建有"伴亭",意为:人过半百而结伴欢聚的地方,永远与快乐结伴,与健康结伴,与年轻结伴。

学校还建有紫藤长廊和大道绿化,主要思路为"立足于立体的、精品的景观绿化"。还有走廊文化,学校以"三十年回眸"为主题,精选了30幅照片展示学校辉煌的历史,布置在2号楼走廊里永久挂展,突出"以史为鉴、面向未来"的主题。

四、思考与体会

近两年,常州老年大学在推动学校文化建设的同时,思考并回答了相关问题,并将学校文化建设纳入更加理性的轨道,使之成为老年大学人的自觉行动。

(一)老年大学学校文化建设的原点何在?

我们认识到,首先要从老年人的生理、心理出发,这是基本的原点;其次要从本地、本土出发,寻找学校文化建设的历史原点。

"我们永远年轻"的主题精神就是从老年人的生理、心理出发,并加以提炼,其背后体现的是一种老当益壮的传统精神,更体现了社会主义核心价值观要求,两者恰好一脉相承。学校所处的历史古迹"大观楼",我们赋予了新的内涵,并将"高瞻远瞩、以观天下"的精神融入和渗透在学校文化血液中,形成了学校固有的文化渊源,使其在新的条件下得到更好的传承和彰显。

(二)老年大学学校文化建设的特色是什么?

老年大学的重要特色是"老年",学员与传统意义的学生本质的区别不仅仅是年龄的差异,而是巨大的年龄差异后面的人生阅历的极大丰富,是确定的世界观、人生观、价值观,是对文化的独特见解和超强鉴赏力。鉴于这个特点,我们将彰显文化的"张力"作为老年大学学校文化建设追求的最大特色。

怎样在老年大学学校文化建设中凸显"张力"呢?我们进行了有益的尝试。

以学校艺术馆为例：在建设"常青树艺术馆"时，为突出该馆的意义和价值，专门设计一枚中国红的篆刻，作为她的"地标式"馆名。她氤氲着民族的文化气息，流转着古色古香的遗风神韵，沿袭着生生不息的历史脉络。在馆门口设计一块"热带雨林"大理石，成为她的"镇馆之宝"，其图形独一无二：自然的波光粼粼，天然的盘根错节，演化着枝繁叶茂的世界。可谓是："泉眼无声惜细流，树阴照水爱晴柔。"一进艺术馆，迎面的屏风是一幅由30位教师、学员联袂创作的"三十而立"巨幅画卷，师生们挥毫泼墨、舞动丹青，聚焦建校三十周年的辉煌和精彩。

艺术馆的文化"张力"体现为恰当地与自然、文化和历史进行有机的融合，多角度昭示学校文化的生生不息。

(三)老年大学学校文化建设的亮点在哪里？

"优雅"是常州老年大学学校文化最亮的名片。

"优雅"首先体现为学校文化充满诗情画意。诗情画意力求让学校文化建设从内隐到外显、从内容到形式、从基础到高点，都具有较高文化价值和艺术水准，弘扬时代旋律，体现发展主题，培育时代精神。

例如，我们在学校某个文化艺术展的"序言"中这样写道："一件件艺术作品用一种凝练的固定形式，陈列在这里的空间里，供大家鉴赏。你会在多元的艺术作品里，寻找到与自己生命体相关联的东西。或惊奇，或沉思，或激扬……此时，冥冥中不知是谁，悄悄地牵了你的手，步入一个梦幻离奇的艺术世界里。老年朋友是这里的主人公。其间，不乏'大器晚成'者。而每一次艺术作品的展出，正是这浩瀚艺术世界里的一簇奇葩。欢迎您来采撷。"

"优雅"还重点体现为学校文化的细节刻画。学校每一项文化创意、文化活动、文化成果都从细节入手，从小处着眼，尊重老年人的需求，尊重老年人的个性，尊重老年人的发展。比如，学校在小的地方，也注意一些文化细节安排，我们在"开放式阅览区"的桌面上放置"温馨提示"，上面写着"智者，在此垂钓"，尽量给予一些文化暗示，体现时时处处"打动人"的文化力量，以细节触动灵魂，使灵魂更加动人。

作者简介:魏平,高级教师,常州老年大学文史语言系主任。

获奖情况:本文荣获 2018 年第十三次全国老年教育理论研讨会征文二等奖。

刊登情况:刊登于常州老年大学学报《大观》2018 年 12 月创刊号。

人文学科在老年大学中的缺失及对策

魏　平

在老年大学的办学中,人文学科的教学工作一直是个薄弱环节。这里面既有认识问题,也有引导问题,更有制度层面的管理问题。人文学科在当下的老年大学,亟须予以重视和积极扶持。

一、人文素养在老年人生命价值中的作用

(一)什么是人文素养?

人文素养,是指做人应该具备的基本素质和基本态度,包括一个人应该如何按照社会的要求正确处理自己和他人、个人与集体、个人与社会的关系。人文素养的最典型标志是具有人文精神,使一切追求和努力都归结为对人本身的关怀和对社会的文明贡献。

人文学科教育之所以重要,是因为它告诉人们:人类的文明是怎样产生的;人类社会是怎样组织和发展的;人对自然、人对社会、人对别人、人对自己应该有什么态度;什么是正义,什么是邪恶;什么是高尚,什么是卑劣;什么应该捍卫,什么应该摒弃。总之,人文学科可以使人们了解世界、了解自己、了解人对社会的责任。

（二）老年人生命价值中需要人文素养

"人文"是潜移默化的、长远的、隐性的东西。"素养"，是指人们后天形成的知识、能力、习惯、思想修养的总和。说到底，人文素养不受年龄大小、环境优劣、学历高低和资历深浅等影响，也不因退出社会实质岗位而受到限制。从生命的意义上说，人不在于活得长、活得久，而在于活得精彩、活得充实、活得有价值。人们无法掌控生命的长短，但至少能选择自己的生命价值。生命价值集中体现在一个人的人文素养上。

那么，当今社会哪些人是最渴望而且最应该提高自身的人文素养的呢？一般都认为是现在各级各类的年轻学子们。其实，老年群体也不例外。时代发展的客观因素造成当今老年人在人文素养上的不足和短板。他们既有自身提升的需要，也对社会、家庭和年轻下一代的人文进步负有标杆责任。

因此，利用老年大学补上人文素养这一课，尤为重要。

（三）老年大学应该肩负起提升老年人的人文素养的使命

老年大学将人文素养作为提升老年人生命价值的一项新要求提出来，既符合老龄化社会发展的趋势，也符合老年人个体身心的需要。

老年教育是培养老年人的一种社会活动。当然从老年大学的办学功能上说，其目的不是培养职业接班人和技术专门人才，而是要培养一批有利于社会、有利于个人的，并具有人文修养和行为文明的老人。由于社会老龄化程度加剧，老年人的人文素养程度如何，将影响整个社会文化，乃至影响每个家庭及其下一代。因此，老年人不仅需要娱乐、养生的知识与技能,而且要有综合的、较高的人文素养。也就是说,一个受过老年教育的老年人,不论其学的专业课程是什么,都应该在哲学、语言、文学、艺术、历史、美学等领域有一定的知识,有较正确的人生观和生命观,有高尚的思想情操和对社会的责任感。因此,肩负起对老年人的人文素养的培养这项重要任务,是全社会的责任。作为承担老年教育的专门机构——老年大学,更加不能例外。

二、人文学科在老年大学中缺失的现象

长期以来受"重理轻文""技术至上"的影响,老年教育同样在一定程度上迷失了正确的方向,人文学科的教育也淡化了。作为老年大学,从 20 世纪 80 年代开始,就具有特殊的社会意义和社会地位。由于过分强调休闲养生,较多地设置了娱乐活动,唱歌跳舞、养生健身等课程占据了主要地位,人文学科被严重削弱了。

人文学科教育在老年大学缺失是十分明显的,具体表现如下。

(一)教育观念的缺失

任何一种"教育"类型,都包含着"教书"与"育人"两方面的内涵,老年大学也不例外。现实是,好多人认为老年大学主要是帮老年人度过"人生最后一公里",为打发日子而"玩玩的",往往只重视"教书",而忽略了"育人"。

课堂教学应成为"教书"与"育人"的有机统一体,"育人"与"教书"同等重要甚至比"教书"更重要。这样才能培养老年人丰富的个性、健康的心理、健全的人格,提升生活质量和生命价值。

人文素养的提升绝非一日之功,人文素养的欠缺也不是一时之弊。老年大学人文素养培养的迟滞性,某种程度上也是学历教育过程中忽视人文教育的惯性使然。人文素养的提升是一个长期过程,贯穿终身教育的始终,老年人必须补上这一课,老年大学必须上好这一课。

(二)课程设置的缺失

观念的缺失,直接导致人文学科的课程缺失。老年大学的人文课程既"少"又"偏"还很"散",甚至有的市县老年大学相关课程基本为零。从开设的情况看,有的偏于地方文化历史和乡土人情;有的借助正规大学开设的课程,"大而全"却华而不实;也有的一谈人文教育,就过分伦理化和政治化,脱离老年人实际,脱离社会实际;等等。经济发达地区的一些老年大学开设的情况近几年稍许好些,仍然有很大发展空间。以常州老年大学为例,2018 年开设的人文课程及其占学校课程总数比重的情况是,社会科学类为零,文学类占 3.09％,历史地理类占 1.22％,语言类占 2.79％,人文学科课程总占比为 7.1％。从开设的课程内涵看,体系结构不够完整,内容之间缺乏联系,开设的以人文学科为主要内容的"大观讲堂",对其他学科以及学员的影响力还是相当有限。

人文素养是一个内涵极其丰富的概念,它囊括情商、智商各个领域,涉及人的个性、趣味、道德、审美、生活习惯、思维方式等方面,具有很强的综合性,这是人文素养的特点。如果将人文素养看成单纯的政治与伦理之类的东西,或者只重政治不重艺术,只重德育不重美育,那么在人文课程设置中,那些牵强附会和脱离实际的问题就会随之产生。

（三）学员人数的缺失

据对常州市老年大学主要课程设置情况的调查,学员分布在5类课程:书画类、舞蹈类、中西医保健卫生类、声乐类、计算机类。人文学科类学员所占人次不足2%。这里既有学校课程问题,也有学员自身认知问题,还有相关社会资源问题。

（四）学科教师的缺失

给人生阅历丰富的老年人上人文学科类的课程,是一个难点,具有很大的挑战性,所以这些年老年大学的人文学科教师奇缺。哲学、国学、文学、历史等学科优秀教师非常"抢手",这直接造成人文课程设置无法成体系化,加上教师临时性、随机性较多,又直接影响授课质量。现有的人文学科教师中,也存在给老年人教学的方法问题,比如重理性灌输,忽视感性体验,人文教育犹如隔靴搔痒、不得要领;比如所教内容过于简单、纯净,谈理想化标准化,脱离老年人的经验,反而使老年人产生困惑与不解。

老年大学的人文学科缺失情况,当然还有缺少顶层设计和要求、缺少适合老年人的教材和配套读物、缺少应有的社会评价和激励等原因,这些都要在老年大学建设和发展中逐步解决。

三、人文学科在老年大学中的课程结构

（一）人文素养的主要构成

一般说来,人文素养主要由人文知识与技能、人文能力与方法、人文精神与品质等三个方面构成。这三个方面相互联系,构成一个

有机统一的整体。在这三大要素中,人文知识起着基础性作用,是其他两个方面赖以形成的基础;人文能力与方法是重要组成部分,主要指分析和解决人与人、人与社会以及人与自然之间的问题的能力与方法;人文精神与品质主要指人生观、世界观和价值观,在社会生产和生活中理解和应用人文的意识和态度以及对人文的情感、兴趣和动机等等,这些精神和品质在人文素养各要素中占据核心地位,直接决定着人文素养的方向。

(二)人文素养中的核心是人文精神

当前人们对人文精神的认识不一,有的从国家与国家、民族与民族、地方与地方的文化差异性角度来思考,往往得出人文精神都有所不同的结论;有的认为各个年代人文精神内容不一样,古代与当下的人文精神不同;有的对人的不同年龄阶段、不同职业岗位做分析,认为人文精神存在区别和差异;等等。其实,人类的人文精神在某些具体内容上可能有时代与民族之别,但在本质上则无根本性差别。人的欲望和本性等是相通的,这决定了人文精神也就不存在根本性的差异。

在应对新冠病毒的抗击战中,我们也能看到,人文精神尽管有各种各样的表达方式,但在总体上不外乎是对作为个体的人的生命、权利、利益与价值的尊重和保障,对实现个人利益基础之上的社会整体利益的维护,对人类赖以生存的自然环境的关切,它是人类文化中占据核心地位的精神因子。

(三)老年大学人文课程设置的重点

由上可见,老年大学在人文课程设置上应考虑以下几个因素:一是老年人的人文知识是基础,应该根据老年人的不同基础进行"补学"。二是人文能力与方法作为重要组成部分,应该在时政、哲学、文学、历史等课程上得以加强。三是人文精神应该突出其核心地位,主要在老年人的认知观念和习惯养成上予以实事求是的矫正或调整。当然,人文精神的突出,应该是潜移默化、和风细雨式的渗透和浸润。

四、加强老年大学人文学科建设的对策

(一)思想观念

从思想观念上对人文类学科与养生娱乐类学科的重视程度,能够做到"相提并论"、一视同仁。

这里面不是单纯要解决数量问题、课程结构问题,而是要解决老年大学的办学目标和方向问题,解决老年人适应当代社会发展需要问题,解决老年大学课程规划的科学性、系统性问题。

我们要从理念上认识到老年人的人文素养缺失后的严重社会后果。老年大学致力于人文学科的建设和促使老年学员人文素养修炼的过程,其实就是追寻老年人生命意义的过程,就是构建和谐老龄化社会的过程,也是重塑老年人的人生观、生命观的过程。老年人的人文素养提高了,老年人的人生哲学必将越来越深刻,人生理想越来越高尚,进而成为造福社会的文明使者,成为社会意义上的主流、先锋。

(二)顶层设计

从顶层设计上完善老年大学课程设置,为老年人学习人文学科创造机会和条件。

这里面涉及课程设置的一个重要原则,即遵循马斯洛的"需求理论"，将缺乏性课程设置与成长性课程设置相结合的原则。老年学员的学习需要总体上划分为两类，即缺乏性学习需要和成长性学习需要，这样就导向两种类型的课程设置：满足缺乏性学习需要的适应性课程设置和满足成长性学习需要的引导性课程设置。前者属于精神文化需求的"补缺"，后者属于精神乃至生命的"成长"。

适应性课程，是针对老年人自身知识结构缺乏的现代知识和现代社会生活技能需要而设置的。目前，这类课程设置占总课程量的比重较大。引导性课程，是针对老年人生命成长、提高生命质量需要而设置的，其特点在于老年人本身对此没有感受，暂时没有学习愿望，但经引导而进入这类课程学习，就体验到课程学习对生命成长的重要性。

因此，当下要立足引导性课程——人文学科课程的设置，从时间上拉长人文课程的学习期限，从空间上将人文课程渗透在其他学科课程中，形成"长短结合、相互渗透"的人文学科课程体系。

根据实际，设置老年大学的公共基础课程，主要由人文学科中的"生命价值观""老年心理学""国学传统""美学常识"等课程构成；还要设置以人文学科为主要内容的主修核心课程，可涉及哲学、文学、语言、历史等多个课程；另外，将主修核心课程中的内容经过加工，变成模块化课程，形成选修课程，促进老年学员跨界选课。同时，要求其他学科课程，注意挖掘人文元素，渗透人文教育。只有创造机会和条件，老年大学的人文学科班级数和学员数才会与日俱增。

（三）队伍建设

从队伍建设上积极引进人文学科骨干教师，充分挖掘和利用教师资源。

教师是进行人文素养教育的最直接作用者。鉴于目前老年大学人文学科教师的现状,急需建立师资来源多样化平台。根据需要,实行教师专兼职结合,灵活多样用人,公开推荐和招聘,主动聘请或特聘,施行"特聘教师(教授)"和"特聘研究员(专家)"工作,实行"上挂下联"式的联合办学或对口支持办学,试行人文课程的"外包"办学。常州老年大学曾邀请地方高校人文学科的 14 位教授(博士)同上一门"地方历史名人"课程,取得了较大成效。

(四)操作层面

从操作层面上完善老年学员进校准入、课程选学、学分管理、质量评价和结业毕业的各项制度。

改变人文学科缺失的现状,与老年大学的制度设计关系极大。针对老年人,应该做到"有教无类",门槛要低一点,但要让老年学员升级深造、选课选学、获取学分直至毕业结业,那必须做到"因材施教",学校完全可以将人文学科要求设计进去,作为必要的准入条件。例如,常州老年大学设置的"老年教育培养指导方案",就在主干专业课程的培养设计里,渗透了人文学科的元素,由此来逐步改变老年大学人文学科的缺失现状。

老年大学对第二、第三课堂的制度设计,同样十分重要。这不仅是课程教学的延伸,更重要的是让老年人多关注社会生活,通过对社会实践的了解、参与和体验,学会以一种"人文关怀"的心态对待现实世界,这种生命的体验远比获得一点知识来得重要。

获奖情况:本文荣获 2020 年第十四次全国老年教育理论研讨会一等奖。

发表情况：发表于论文集《老年教育学术探究（第二辑）》。

刊登情况：刊登于常州老年大学学报《大观》2021 年 7 月，总第
4 期。

国学课程在老年教育中的设置及其实施途径

魏 平

习近平总书记在 2023 年 6 月 2 日的文化传承发展座谈会上强调:"如果不从源远流长的历史连续性来认识中国,就不可能理解古代中国,也不可能理解现代中国,更不可能理解未来中国。"习近平总书记在阐释中华文明突出特性时,首先强调了"中华文明具有突出的连续性",这对于我们老年大学把学习中华文明传统文化作为老年教育课程的重要组成部分,创造属于老年教育的新课程文化,担负起传承中华优秀传统文化的教育使命,具有重要意义。

国家的兴盛与国学的复兴是"一体两面"的事情。国学是软实力,在现代社会更显重要。而老年人是传统文化的重要传承人,是中华文明连续性的重要连接纽带。从这个意义上说,国学在老年教育中具有当代价值。

一、在老年教育中设置国学课程的意义

(一)传承中华民族优秀传统文化

国学,是基于中国文化并对人们思维方式产生影响的系统学术理论。国学大师季羡林说:"中国可以成为一个经济大国,也可以成

为一个科技大国,但最根本的,中国还是一个文化大国。对于本民族文化的珍视是一个国家屹立千年的基石。根深才能叶茂,如此简单的道理并不是所有的人都懂,好在生于斯长于斯的大众在面对新世纪的挑战时,已经明白了人文精神对于国家发展的重要意义。"

新时代,全民接受国学教育已成共识。在老龄化社会,老年人接受国学教育尤显重要。在老年大学开展国学教育,是整个社会开展国学教育的重要组成部分,是老年人接受较为系统、较为正规的国学教育的重要途径,这是老年教育在新时代的历史使命。多年来,常州老年大学通过开设国学经典课程,使数万老年人接受了国学教育,很多老年人认识到:国学经典是我们民族文化精神的一个庞大载体,是我们民族生存的根基,从国学中汲取优秀传统文化的营养,在继承和发扬中华民族的灿烂文明的同时,能够实现老年人精神世界的丰富发展。

(二)引领老年人融入现代社会

终身教育是现代教育的一个基本原则,正规的学校教育不能也不可能为人们一次性地提供终身享用的知识。处于"百年未有之大变局"中的老年人,学习新知识、掌握新技能、认识新时代是自己融入社会、跟随时代脚步前进的必要需求,其需求又以强大的中华传统文化作为根基。国学经典中蕴涵了人文智慧、伦理道德等中华文化的精髓,是老年人陶冶情操、唤醒道德、塑造人格的灯塔。国学经典中承载的"仁义忠恕孝悌礼信"道德伦理观,构成中华传统文化的核心价值体系,对于老年人处理人与人、人与社会、人与自然的关系,具有现实指导意义。正如学员所说:"国学经典意存高远,其中不仅有文学,还蕴涵着美学、哲学等,用这些优秀的传统文化资源充实自己,就是给了我们老年人一把开启心智和现代信息宝库的钥匙。"

(三)完善老年教育课程结构

传统的课堂教育侧重于一般的知识与技艺教育,缺失最大的一部分就是人文教育和传统文化教育。老年教育亦然。这些年,我们对长三角的一些老年大学做了调研,发现大多是应用型、实操性的课程,缺少传统文化教育,较少有国学课程的设置,学校课程结构显得不够合理。而国学教育,其意义恰恰在于弥补现代老年教育体系中素质素养以及伦理道德方面的缺失。

从终身教育的角度看,老年教育是为老年人终身发展打基础的。常州老年大学通过面向全体学员开设国学通识课程,来做好"打基础"这件事。学员认为:在国学教育中,对其"未来一公里"的出发和归宿,具有"定调"乃至"定性"的作用,对其生活发展前景和生命价值发挥,均具有举足轻重的影响。从某种意义上讲,老年教育是在为老年人"学会做人,学会做事,学会生存,学会学习,学会和谐"打基础。所以,应该重视国学教育、重视国学课程扎根落地、重视人文课程结构的进一步完善。

(四)激发老年人后发优势,对隔代教育产生积极影响

如今,外来文化、网络文化等所谓"流行文化"对青少年的影响越来越大,不少孩子在文化素养方面出现严重"营养不良"。教育部从2019年起,在中小学教材中增加了大量国学经典,各校倡导青少年学习国学经典。但仅仅依靠学校的教育是不够的,最为重要且最有效的途径是来自家庭长辈们的教育影响。孩子和老年人有天然亲近

感，所谓"亲其师，信其道"，要发挥老年人在隔代教育方面得天独厚的优势。老年人通过学习了解国学经典，结合自己人生体验，言传身教，成为孩子们成长路上的"示范"和"楷模"。这与"国学经典进学校"具有"异曲同工"之功效。

二、国学课程在老年教育中设置的原则

长期以来受"重理轻文""技术至上""娱乐至上""实用至上"等观念的影响，老年教育在一定程度上迷失了培养人教育人的方向，具体表现为人文学科特别是国学教育淡化了。

就目前研究看，老年大学的国学课程存在既"少"又"偏"还很"散"的问题，甚至有的市县老年大学相关课程基本为零。从已有开设的情况看，或偏于地方文化历史和乡土人情；或照搬大学课程，"大而全"，脱离老年教育的实际；或过分世俗气息和实用主义；等等。另外，老年人进入老年大学具有一定的学习主观性和对课程的自主选择性。鉴于各种因素，国学教育的课程选择需要遵循以下原则。

（一）基础性和广博性相统一原则

国学课程内容要做到基础性和广博性相统一，通过国学课程基础内容学习，让老年学员了解中国传统文化一般知识；通过具有广博性的探究学习，形成多元化、多维度、多层次的认知和思维。基础性和广博性的关系，是互为联系、互相发展的关系，从本质上看，这是在国学教育中处理好普及与提高的关系。解决基础性和广博性的方法是，设置课程框架体系，在这个体系中有公共基础课程、专业基础课

程、专业分立课程、专业拓展课程,前两者解决基础性问题,后两者解决广博性问题。比如:通过开设公益性质的公共基础课程"国学通识""不可不知的国学常识"和专业基础课"大学语文""唐宋诗词赏析""孔子家语"等,为广大学员提供易学易懂的国学基础知识。通过开设专业分立课程"《史记》研读""汉字源流""司马光与《资治通鉴》"和专业拓展课程"唐宋诗词创作""古诗词吟诵"等,引领学员探寻国学的"浩瀚星河"。

(二)拾遗补阙和化整为零相统一原则

老年人有丰富的知识和阅历,他们已通过各种方式接受了部分国学知识,我们既不能把他们当作国学"小白",又不能高估他们的国学水平和运用能力。而且,每个老年人人生经历、理解力大相径庭,从这个角度看,国学课程的设置是复杂而有难度的,相应采取的课程教学方法也各不相同,在课程设置上需要拾遗补阙和化整为零。

所谓拾遗补阙,是指针对老年学员的不同学习基础,以及学习需求和能力差异,采取缺什么补什么的策略,根据不同人群层次,进行基础性"补课"。

所谓化整为零,是指根据课程的多样性和学员选择的广泛性,不断扩大延伸国学课程体系,每个学年都适度增加新课程。通过国学课程教学的点点积累,逐步形成国学课程群和课程链。

(三)适应性和引导性相统一原则

老年学员的学习需求从总体上可划分为两类,即缺乏性学习需要和成长性学习需要,这样就导向两种类型的课程设置:一是满足缺乏性学习需要的适应性课程设置,二是满足成长性学习需要的引导性课程设置。前者属于精神文化需求的"补缺",后者属于满足精神乃至生命的"成长"的需求。

设置适应性课程,关键要构建适用的国学课程模块,易于学员按需选择,以积极应对老年人对国学知识的"缺乏需求";针对老年人生命成长、提高生命质量的引导性国学课程,可以经过引导,由浅入深,逐步达到"厚积薄发"之功效。

(四)循序渐进和巩固强化相统一原则

国学是一个综合性特别强的课程,它的内容广泛,知识量大,纵横交错,相互贯通。国学教育是一个循序渐进的过程,既要解决课程设置中的循序渐进,又要解决教学文本中的循序渐进,还要解决教学内容、教学方法、教学活动中的循序渐进。国学课程学习不能一蹴而就,既要强化性学习,又要巩固性学习。对于有一定基础的学员,还可以开设延伸性或拓展性课程,从而进一步提升国学水平。

三、老年教育对国学课程的基本选择

按照学科分类,可以将国学分为史学、哲学、文学、宗教学、伦理学、礼俗学、版本学以及考据学等。其中,儒家的哲学可作为国学的主流。如果按照思想对其进行分类,又可以将国学分为先秦诸子以及儒道释三家等;如果按照《四库全书》将国学进行分类,则可以分为经、史、子、集。学界普遍认为,经、史、子、集四部的精华是最能够代表国学的内容。结合本校实际,老年教育根据需要选取最具代表性的国学经典内容,可分设在四个单元。

材的好处是学员上课有本可依,复习有章可循,重点难点适中,突出老年特色。

(四)与其他专业课程渗透和融合

老年教育中的琴、棋、书、画、歌、舞等课程都具有国学元素,国学课程与其他专业课程渗透融合具有天然条件。

在教学安排上,一方面挖掘各科课程中的国学元素,将国学内容自然融入课程,比如中医中融入《中医史话》,花鸟画中融入《格律诗的赏析与创作》;另一方面,取长补短,将国学课程融入其他课程的优秀元素,例如,在国学经典教学中,让学员学习《文学诵读》的技巧,课前两分钟诵读名篇名句;在唐宋诗词创作的教学中,介绍《手机实用技术》,自创作品配图配乐视频,古典诗词与现代数字技术得到有机融合。

(五)向第二第三课堂自然延伸

由于主客观原因,在课堂上学习国学知识十分有限,而向第二第三课堂延伸是本校探索国学教学的重要渠道。

首先,学校鼓励并支持社团组织,开展以国学为主题的文化活动。国学课程融入校园文化活动,一是不受空间、时间限制,可灵活安排;二是活泼的形式能够激发兴趣,进而提高参与热情;三是通过参与活动,能够提升学习效果。

其次,本校近年来打造了文化阵地"大观讲堂",定期举办以国学作为主题的文化讲座,在一定程度上提高了国学教育的层次。学校邀请文化名人开展讲座,提升老年人的国学水平,同时针对性地进行释疑解惑,起到文化引领的作用。

再次,开展送国学活动。组织国学类社团和志愿者深入社区、福利院以及公共场所,进行国学经典的演出宣传活动。通过第三课堂,让学员进行社会实践,并在实践中实现自我价值。

参评情况:本文选送参加 2023 年第十五次全国老年教育理论研讨会征文评比。

地方历史文化与老年教育融合探究

王文倩

文化是一个国家的灵魂，是一个民族独特的精神标识。我国地域辽阔、历史悠久，各个地方长期形成的风土人情习俗、文化习俗、生活方式、历史遗存等地域文化丰富多彩、迥然相异。地方历史文化，是当地历史的不断积淀，也是未来发展道路上的源头活水。国务院办公厅印发的《老年教育发展规划（2016—2020 年）》要求老年教育坚持"因地制宜、特色发展"原则，鼓励结合当地历史、人文资源和民俗民风等特点，推动老年教育特色发展。将地方历史文化与老年教育相融合，不仅是促进新时代老年教育高质量发展的重要途径，也是传承和发扬优秀传统文化的应有之义。

一、地方历史文化与老年教育融合的意义

（一）地方历史文化的内涵与意义

黄娟在《基于地域文化的社区教育特色课程开发的实践探索》中，将地方文化定义为"一定区域的人民在社会历史发展过程中创造的独具特色、传承至今仍发挥作用的文化传统，是特定区域的生态、

民俗、传统、习惯等文明表现"。张凤琦认为,所谓"地域文化"是指在一定空间范围内特定人群的行为模式和思维模式;而不同地域内人们的行为模式和思维模式的不同,导致了地域文化的差异性。地方历史文化反映了一个地区的独特个性,传承着一代又一代人的价值观和传统思想,是人们身份认同的重要方式,也是激发人们对历史的兴趣、培养文化自信的重要途径。从文化本身来看,地方历史文化的保护有助于维护和传承独特的传统、艺术等,有助于文化的多样性发展,避免文化的同质化和失落。

(二)老年教育发展的内生需求

我国老年教育经过四十多年的发展和建设,已经形成了以老年大学为主要载体的办学体系,以省、市、县级为核心,从乡镇街道、社区村级铺开的老年教育,成为老龄事业发展的一道亮丽风景线。在完成"普及"和"服务"的基础上,老年教育也向高质量发展的新目标不断改革。课程是办学的核心,而人文类课程在老年教育中一直处于相对薄弱的状态。在人文类课程中,除了文学、语言学、历史学、哲学等普适课程之外,结合地方历史文化开设的特色课程更是少之又少。现阶段老年教育课程存在着无序开发、资源浪费的情况,同质化有余、特色化不足,地方特色类课程的开发仍旧是冰山一角。

(三)二者的关系

"关乎人文,以化成天下。"自古以来,文化与教育息息相关、密不可分。文化是教育的重要内容,而教育是社会大文化的组成部分,担负着文化的继承和传递、发展与创新的任务,老年教育也不例外。老年人通常是历史文化的见证者和传承者,他们有去深入地了解和理解地方历史文化的需求,从而增进自己对文化及其保护工作的认识;同时他们有去分享他们对地方历史文化的亲身经历和知识,从而将这些文化传承给下一代的期待。二者的有效融合,既解决了老年教育供给特色不足的问题,满足了老年人的学习需求,又盘活了历史文化资源,培养了一批传承者和弘扬者,顺应了老年教育是培养人的这一根本要求。

二、地方历史文化与老年教育融合的途径

(一)挖掘文化资源,拓展教学内容

在地方历史文化与老年教育课程之间寻找融合点,是实现课堂文化价值的必要条件。在教学中,教师应当积极探索和灵活利用地方历史文化内容,挖掘课堂的内在价值,以文化拓展教学内容。

1. 开发地方历史文化资源

中华优秀传统文化有时因部分内容晦涩难懂,或是与师生联系不紧密,抑或是因时空的限制缺少专业的教师,难以激发学生的学习热情。而地方文化与师生日常生活紧密联系,容易唤起学员学习兴趣,且因地制宜便于考据,师生有充分的学习资源和调研场所。

常州有"八邑名都,中吴要辅"之称,是吴文化、齐梁文化发祥地之一,两千多年以来人杰地灵、英才辈出,被誉为"千载读书地,东南名士城"。明清时期,常州在经学、诗词、散文、骈文、绘画、医学等领域都取得了瞩目的成就,被学界概括为"六国一派",民间建筑、手工艺形态丰富。常州也是一座富有光荣革命传统的城市。近代以来,涌现出瞿秋白、张太雷、恽代英等无产阶级革命家,以及盛宣怀、刘国

钧等实业家,红色家谱深植文化血脉之中。老年学校应当重视并挖掘这类文化资源,将其纳入课程体系之中,作为通识课程或文化必修课。

以常州老年大学为例,其在课程设置上涉及 13 个学科门类,其中包括常州的方言、戏剧、舞蹈、手工艺、画派、医派、菜系、建筑、乐器等,分别可以融入文史语言、声乐戏曲、舞蹈、书画、运动健身、家政保健、计算机、器乐 8 个系部的课程中。

2.教学渗透地方历史文化

教学有法,教无定法。除了开发新课程之外,在既有课程中融入地方文化能够激发学习兴趣,丰富课程内容,提升文化效果。教师应根据课程设置、教学目标和学生情况,采取适宜的教学方式融合地方文化,提高教学实效。在授课时,教师可以使用情景教学法,创设地方历史情景,例如在山水画课程中创设常州"水文化"情境,在民乐课程中创设常州东浦丝弦锣鼓演绎情境,启发学员思考。常州老年大学舞蹈系以常州非物质文化遗产乱针绣为灵感,创编舞蹈《丝丝绣依依情》,以舞蹈形体展现其灵活多变的针法和明快艳丽的艺术风格,受到学员欢迎,并多次代表常州市参加省市比赛。

3.提升教师地方文化素养

组建教师队伍,注重引进有地方史、地方文化研究经验的教师,不拘一格将本地的民俗达人、民间艺人、成功企业家、文化工作者、知名人士和行业专家吸纳到兼职教师队伍中来,成为地方文化的有力传播者。对现有的老年教育专兼职教师队伍,进行分期分批的岗位培训,学习本地特色文化,提高地域文化素养,强化终身教育理念,学习面向老年教学对象的教学技能,提高开展老年教学的能力。组织教师参与老年教育特色课程的开发,在对本地居民需求、风土习俗、文化形态、历史遗存和生活方式等方面的挖掘与研究中,提升自身的地域文化素养。常州老年大学定期组织教工前往本地博物馆、艺术馆参观学习,每月组织举办"大观讲堂",邀请地方专家学者进行讲学,提升老年教育教师的地方文化涵养和对地方文化资源的运用能力。

(二)探索合作模式,建立长效机制

传统老年教育模式以教师讲授和学员学习为核心,主要立足于在课堂上进行技能学习或者理论学习。基于地方文化的老年教育课程则有所不同,它融参观交流、课堂学习、综合实践、成果展示等于一体,教学任务和目标多元化,同时,对师资有更高的要求。只有形成多方协同的工作模式,才能建构基于地方民俗文化的老年教育特色课程开发长效机制。要充分借助地方民俗文化优势和相关部门、机构的特色,因地制宜开发地方课程,形成联动协同工作模式。最大限度利用好文化资源,则需要多方的协同合作。

1. 区域合作

地方文化丰富多彩,而其发轫之地就在于某个区县乃至乡村、社区,积极与当地街道(镇)、社区(村)合作,通过游学"走出去",或请客座老师"走进来"等方式,以文促学,以学弘文。常州老年大学"街头巷尾(中国历史长河中的常州)"以"课堂讲授+游学"的方式开展,游览路线遍及常州的老城厢,在长期的教学实践中,与春江街道、前后北岸社区等建立了长效合作机制。其开展形式并非传统单方面的以学校或以区域为主体的模式,而是教师、区域、平台三方共同主导的。教师提供研究成果、组织课堂,并到社区讲堂举办讲座;学员提供学习心得和宣传资料,在学有所得的同时宣传了地方文化;街道、社区提供学习场所,同时收集教学过程中的资料,充实当地文化档案,例如在春江街道的游学过程中,教师与街道合作,编著了《春江文史漫谈》一书,涉及春江街道的江河、名人、非遗、文物、寺院、商业等方面。有鉴于此,老年学校可积极与相关区域沟通,通过区域交流逐步推广此类课程的开发和运用经验,形成协同工作模式。

2.专业合作

对于源远流长又庞杂零散的地方历史文化,仅靠老年大学聘用兼职教师的方式难以满足课程的科学性和专业性要求,这就需要借助高校、职校及有关专业机构、单位的力量充实师资力量和课程内容。常州老年大学与江苏理工学院合作,在文史语言系开发了"常州地方名人"课程,由 14 位教授组成的专家团到校讲学。与常州市滑稽剧团合作,开发了"朗诵与表演"课程,由剧团团长担任主讲老师,带领学员讲方言,演绎地方滑稽戏。学校还与高职校合作,把常州菜的品鉴和教学融入烹饪课;与美院合作,把恽南田画派、常州民俗画研究融入书画课堂,并举办书画展览。此种模式大多是以高校和专业机构为主体,向学校提供师资和课程,学校应当在这个过程中转变单一的教学形态,进行跨领域、跨学科的互动,形成自己的课程体系和特色课程。

(三)形成教学成果,推广反哺文化

1.编写特色教材

根据调研,目前老年教育与地方历史文化融合程度依然很低,相关课程不仅少而零散,更无整体协同、常态运作的管理机制。其中的精品课程、特色课程高度依赖授课教师,一旦授课教师不再执教,课程就出现"课随人走"的现象,难以为继。要常态化开展教学,并进一步达到推广地方文化的效果,需要编印老年教育地方历史文化特色教材。

常州老年大学特聘多位地方历史专家学者合力撰稿,编印出版教材《常州优秀传统文化精要》,主要内容包括:常州地理的演变,重点介绍城市变迁、城厢遗风、云溪胜景、运河遗韵和山水毓秀;常州的文化艺术演化,重点介绍诗文风雅、丹青无双和园林逸趣;常州习俗的演示,重点介绍了传统节俗、四时饮食、方言趣谈、商业溯源等。校本教材作为教师和学生之间、教与学之间的载体和媒介,为开设常州优秀传统文化课程提供了坚实基础。文史语言系编印了校本教材《苏轼与常州》,开辟"常州苏景史"研究,开设"东坡文化""东坡诗词"课程。编印《常州旅游古今谈》,可以赏析文人雅士游历常州的轶事和作品,了解传统乡风习俗和江南美景,又联系常州文旅实际观照当代文化发展。

2. 推广文化成果

学校作为社会的组成部分,承担着促进社会和谐发展的社会责任。推广地方文化有助于增进人们的归属感和凝聚力,促进社会稳定和文化交流,实现学校的社会责任与使命。老年教育在获取地方文化营养的同时,也要反哺地方教育和文化。常州老年大学校级社团金秋诗社开展以社课为中心的诗教文化活动,在常州历史文化街区前后北岸社区,挂牌成立了金秋诗社的校外活动基地,定期开展"诗教进社区"活动,一方面把老年大学课堂上的古诗词创作知识与技能的系列讲座带到社区。另一方面组织学员以"齐梁文化""前后北岸历史"以及西太湖等历史文化地标进行创作,形成了大量以常州地方文化为题材的诗作和雅集。中华诗词研习班学员根据常州萃园建筑和文化创作楹联,并被正式收录印刻。常州老年大学远程教育学院经过广泛收集资料、搭建智慧平台,向社会推出了"网络小微博物馆",第一批 4 个展馆包括常州画派、常州传统菜、太极和中外乐器,将地方文化以沉浸式数字展馆的形式保存和展示出来,突破了时空的限制。

在推广地方文化的过程中,学校需要积极与社会各界合作,发挥自身的资源优势,共同推动地方文化的传播和发展。学校可与地方文化机构、社区组织等合作开展地方文化保护和推广项目,共同举办文化活动、开展文化调研等,加强学校与社会的联系与互动。通过社会参与,拓展地方文化的传播渠道,提升地方文化的影响力和知名度。同时,学校可以积极参与社会各界的地方文化活动,发挥自身的作用和影响力,促进地方文化的传播和发展。

作者简介:王文倩,常州老年大学办公室副主任,兼文史语言系副主任、校编辑部副主编。

"常州吟诵"走入老年大学的独特魅力

范炎培

学习古诗词文赋,往往是从诵读经典诗词文赋开始。这里所说的"诵读",当今称为"吟诵"。我国传统的吟诵有着两千多年的历史,是我国古汉语诗词文赋创作、传承、学习的主要语音方式。自古以来,吟诵是学习中国古典诗词文赋的重要入门途径,是我国千百年来一种行之有效的传统读书方法。吟诵在传播和传承中华优秀传统文化中发挥过重大作用,是我国优秀的非物质文化遗产代表作,具有中国文化独特的魅力,在国际上享有很高的声誉。

"常州吟诵"已于 2008 年 6 月,经国务院正式批准,列入"国家级非物质文化遗产名录",引起了国内外的关注。

一、常州吟诵的历史源流和发展

常州吟诵属古吴吟。著名的诗人屠岸先生在《常州吟诵 千秋文脉》一文中指出:"吟诵古典的诗词文章,是历史悠久的民间艺术。有史料可据的'吴吟'(包括常州吟诵)始于战国时代。"

被誉为"三吴重镇""八邑名都""中吴要辅"的常州是一个历史悠久的文化古城,已有三千余年历史。从春秋时代命名延陵以来,常州人文荟萃、名人辈出,数千年的历史铸就了常州丰厚灿烂的文化。宋陆游赞叹常州"儒风蔚然为东南冠";清龚自珍在《常州高才篇》中赞美常州"天下名士有部落,东南无与常匹俦",称"东南绝学在毗陵"。经济繁荣的常州历来崇文重教,对人才的培养与学术的发展起过重大的作用,名门望族均具有强烈的文化意识,把家族子弟的教育列入其家族的家规家范。例如,常州望族屠氏家范称:"人之得以成人者,惟乎学。子孙虽愚,诗书不可不读,家业虽落,延师不可不勉。故必勉之于学。""读书明经"成为常州的社会风气,千载读书地的常州具有世人瞩目的成就,常州教育在江浙一带享有盛誉,自古就有"文教被于吴,吴尤盛于延陵"之誉。正因为常州的教育事业十分发达,自古以来吟诵又是学习古诗文的一种行之有效的传统教学方法,所以吟诵在常州民间有着十分深厚的基础和悠久的历史渊源。

著名的语言文字学家、常州吟诵传人周有光先生对吟诵的发展与繁荣做过简短的论述:"作为一种口头传承的文化,诗文吟诵在中华大地上生存、繁衍、发展,历史十分悠久。它一向是传播、普及传统文化和启蒙教育的重要工具和手段。历来的诗词创作、修改、鉴赏、口头交流与发表,多在吟诵中进行。旧时学童启蒙,更离不开吟诵,以致波及社会,使这种'精英文化'具有一定程度的群众性。儒家先贤们创造的这种集文学、语言与音乐为一体的艺术形式,对促进我国文化繁荣、提高全民素质,产生过重大作用。吟诵艺术远播日本、韩国、越南、马来西亚等亚洲国家和世界各地华人区,在中国传统文化中无疑具有重要的地位。"

以现代音乐为视角对吟诵艺术进行论述的,是中国现代语言学奠基者、著名音乐家、常州人赵元任。20 世纪 20 年代,赵元任先生根据自己的吟诵音调共记写了 22 首常州吟诵乐谱,并把自己用常州方言吟诵的古诗文录制成唱片,为后人留下了极其珍贵的第一手资料。

二、常州吟诵的艺术特色和文化价值

常州吟诵的风格特点与常州方言有着十分密切的关系,常州方言属吴语太湖片毗陵小片的代表语。常州方言有 28 个声母、44 个韵母、7 个声调,这 7 个声调是阴平、阳平、上声、阴去、阳去、阴入、阳入。在语音方面,常州方言仍完整地保留了古全浊声母体系和古入声,这和普通话相比,常州话就有一种独特的情韵。著名语言学家赵元任先生在《谈谈汉语这个符号系统》一文中,曾以常州话为例来说明这个特点:"更加微妙的是韵律,诗人可以用它来象征某种言外之意。试看岑参离别诗的开头四句:北风卷地白草折,胡天八月即飞雪。忽如一夜春风来,千树万树梨花开。这四句用官话来念,押韵字'折'和'雪','来'和'开'没有什么特别的地方。可是用属于吴语的我家乡方言常州话来念,由于古代的调类保持得比较分明,头两句收迫促的入声,后两句收流畅的平声,这种变化暗示着从冰天雪地到春暖花开两个世界。换句话说,这是韵律象征着内容。"

常州吟诵保留了古入声,能使阅读欣赏进入更高的艺术境界。用常州音腔来吟诵唐诗宋词等古典文学作品,就能更好地体现出汉语古诗文中的情韵内涵,表达出汉语古诗文语音特有的声韵美,抑扬顿挫的节奏美感就显得格外分明。

常州吟诵主要有吟诗音调、吟词音调、吟文言文的音调等。常州方言的声调体系与中古汉语声调体系接近,常州吟诵较多较好地保留着唐诗宋词等古典文学的音韵美。常州吟诵是介于"唱"和"读"之间,横跨文学、音乐、语言三门学科,具有传统文学、民间音乐、汉语言语音学等多种学科的研究价值。

屠岸先生在《常州吟诵　千秋文脉》中阐述:"常州吟诵是中国各地吟诵中的一种。诗有不同的体裁,如四言、五言、七言、绝句、律诗、歌行体、古风等,词更有多种词牌。作常州吟诵时,不同体裁的诗词各有不尽相同的格式。即使同为律诗或绝句,也有仄起和平起的区别……仄起和平起在吟诵时也有区别,前者先抑后扬,后者先扬后抑再扬。但无论何种诗体,吟诵都没有固定的曲谱。所以吟诵有一个特点,即吟者可以自由发挥,或者说允许某种随意性,但有限度。说不同,则此人吟与彼人吟不太相同,即使同一人吟同一首诗,此时吟与彼时吟也不尽同;说同,则凡是常州吟诵,一听就是一种气韵、一种风格,与其他地方吟诵是不同的。话又说回来,中国各地的吟诵也有其总体风格或者普遍规律,可以合称之为'中华吟诵'。"

吟诵是中国汉语古诗文的活态。在吟诵中,包含了很多文字所没有的意义,这些意义是附着诗文一起流传的。古人的心态、情态、意境,只有在吟诵的时候才最能接近,才最能体会。不吟诵古诗文,很难体现古诗文的原貌。

吟诵是高效的学习方法。用这种方法,不仅记得牢,而且理解得深。在吟诵里,已经包含了句读、格律、结构、修辞等一系列知识的有机结合,寓教于乐。吟诵尤其对于理解作品的思想感情非常有效。吟诵的核心是诗乐一体,即所谓诗乐传统。诗文中包含了中华文化的精神,渗透着中华文化对世界和人生的理解,因此吟诵诗文也是传承中华文化精神的一种重要手段。在吟诵中可以潜移默化地培养中华传统的道德情操;通过吟诵,认识中国传统的文人品格和对于人生的理解,从吟诵中体会到中华文化的精髓。

三、学习吟诵的意义

习近平总书记在党的十九大报告中指出，深入挖掘中华优秀传统文化蕴含的思想观念、人文精神、道德规范，结合时代要求继承创新，让中华文化展现出永久魅力和时代风采。

中国是一个诗的国度，中华经典诗词文赋是中华民族的优秀文化。千百年来，我们的祖先留下了无数辉煌的诗篇。从诗经到乐府再到唐诗宋词，这是中华民族的艺术瑰宝，也是培育民族精神的沃土。中华经典诗词承载着中华民族几千年来的文化积淀，成为中华民族文化的精髓。古典诗词形式简洁明快、语言含蓄深情，经过千百年的传承发展，为中国人所喜闻乐见，成为表达情感的经典文学形式。中华经典诗词具有音韵美、语言美、情感美、哲理美和意境美，无论哪个年代都值得人们去品读。中华经典诗词内涵丰富，可以作为一部中国人文历史。读中华经典诗词，不仅能读出蕴含其中的情感，更能读出中国人的文化价值与智慧。我们学习中华经典诗词，无论是对少年儿童、青年人还是中老年人都有很大益处。学习中华经典传统文化，能够引导人民热爱祖国的历史和文化，增强爱国主义情感，坚定社会主义信念。

汉字为语素文字，造就了中国独特的吟诵文化。吟诵不是念诗，也非西方所传入的"朗诵"。吟诵根据中国汉字单音独体的特质，用一种最符合其声调节奏、声律特色的方式，将中国诗歌抑扬顿挫的美感传达出来，是我国千百年来一种行之有效的、蕴含音乐美的读书方法，是我国古汉语诗词文赋创作、传承、学习的主要语音方式。吟诵在传播和传承中华优秀传统文化中发挥过重大作用，是具有中国文化独特魅力的非物质文化遗产代表作。

"常州吟诵"成为国家级非遗项目,在国内外有较大的影响,是中国古代诗歌吟唱形式流传至今的重要见证。它不仅展现了历史上文人阶层吟诵音乐的风貌,也很好地保存了吴语的音韵特色,为我们今天了解中古时期南方诗歌的演唱特点提供了重要的参考依据,具有很高的历史与文化价值。

四、以乐语教国子

中国是一个有着数千年文明的国度。中国古典诗词的生命,是伴随着传统吟诵而成长起来的。古典诗词中兴发感动的特质,也与吟诵密切相关。《周礼·春官》有云:"大司乐……以乐语教国子,兴、道、讽、诵、言、语。"此乐语当主要以诗词文辞为载体。从周朝开始,诗词就是伴随着吟诵开始流传。吟诵是学习古典诗词的重要法门。在吟诵古诗词的基础上,感受经典诗词兴发感动的体会,对于国民人文素养的提升有着重要的作用。

纵观百年来中国的教育,清末废除科举,书院停办改为新式学校,民间私塾由现代学校替代,古诗词吟诵的教学方式也随之消失。新文化运动提倡白话文,西方的朗诵方式进入中国新式学校,取代了中国传统吟诵的地位。在20世纪四五十年代还有很多著名学者撰文提倡吟诵。如赵元任先生在1956年便著文疾呼:"近些年来吟诵诗词、古文的这个传统差不多都丢失了,这真是可惜的事。""现在最迫切的事,是赶快收集、记录这些老传统艺术,因为它就要看不见了。"

中国经典诗词具有一种宝贵的特质,那就是蕴含着一种兴发感动的力量。中国历来有"诗教"之说,先秦的诗教旨在整体提升个人的道德水准,使人达到成就君子仁德的目标。孔门诗教为中国诗歌的社会功能提供了基本方向,使诗歌能够在关注世道人心的轨道上不断前行。因此中国经典诗词的魅力不仅在于朗朗上口,更在于潜移默化地对心灵的滋养与对品行的陶冶,这种诗意人生的生命力传递千年、生生不息。近些年来,随着传统文化的弘扬,古诗词吟诵在社会上悄然兴起,各地都在不同程度地开展古诗词吟诵的活动。"以乐语教国子"逐步成为一些教育工作者的共识。

五、吟诵进入老年大学

老年大学是适应新时代而发展起来的新事物,是适应社会老龄化、完善终身学习、创建和谐社会的新创举。老年大学是老年人更新知识的课堂、健身养心的场所、开心娱乐的园地、智力开发的基地。老年大学虽然面对老年群体,但却是当今最年轻的专业学校,是不同于学历教育的一种新型继续教育模式的学校。

老年大学的课程设置,有一部分是拓展适用于老年人年龄阶段的实用技能知识,促进晚年身心健康的课程。党和政府提倡把提高全民族的科学文化素质,建成全民学习、终身学习的学习型社会,促进人的全面发展,作为全面建成小康社会的奋斗目标之一。老年大学就是实现这一目标、体现"终身学习"的非常重要的场所。"增长知识、丰富生活、陶冶情操、促进健康,老有所学、老有所乐、老有所为",是当今大多数老年人的追求。

在老年大学课程设置中,文史语言类属于提高文化修养体系的教育高台,而文学、诗词、历史、语言、国学经典、传统文化则是高台上知识性与人文素质培育与提高的制高点。以常州市老年大学文史语言系为例,开设的课程达二十多项。其中有很多课程可以与中华传统诗词吟诵相辅相成。

老年大学学员的求知欲望强、学习的自觉性和积极性高,但老年大学学员的文化基础参差不齐。从这些年的教学实践来看,这些都不影响老年学员对古诗词吟诵的学习兴趣。学员进入老年大学求学,没有升学与就业的压力,可以轻松愉快地学习自己喜欢的课程。吟诵"以乐语教国子",激发了老年学员萌动好学的心。"熟读唐诗三百首,不会作诗也会吟。""吟"既是诗文的学习也是诗文的创作。在悠闲自得、抑扬顿挫吟诵诗词时,自然就能对诗词的韵味、声律、意境等文学素养有较好的理解,受此熏陶,从而使自身的文学素养、语言能力、写作能力等方面得到显著提高。

在老年大学开展吟诵教学,不做专业的学术研究,而是面向大众的通俗性讲学,让学员从另一个角度来触摸古诗词。如学员有特别兴趣,可以作某一问题的专题探讨,或推荐有关的课外读物来补充。

老年人有丰富的社会阅历,理解能力强,但记忆力差了,因此教学的方法与要求也不同于全日制学历教育的院校,需采用适合老年人的教学形式,化繁为简、化难为易,采用知识普及的教学方法,从不同的层面传承中华优秀传统文化。

六、传统吟诵不同于现代唱歌

老年大学都有开设声学歌咏方面的课程,是为满足老年人对唱歌的喜爱而设置的现代声学知识的课程。现代的唱歌不同于传统吟诵。吟诵是学习古诗词的一种语音方式,也是历代诗人进入创作的状态。近些年来,随着传统文化的兴发,消失了几十年的诗文吟诵逐步在社会上流传,特别是中央电视台的《中华诗词大会》及《经典咏流传》的热播,对传承古诗词吟诵起到了推动作用,但很多人对传统吟诵既陌生又好奇,对古诗词吟诵产生一些误解与歧义。特别是把古诗词吟诵与唱歌混为一谈。关于"吟"跟"唱"的区别,赵元任先生早就有过精辟的论述:"中国的吟诵是大致根据字的声调来即兴地创一个曲调。""吟调儿是一个调儿概括拢总的同类的东西","唱歌可就不然。这个歌是这个调儿,那个歌是那个调儿;惟其每个歌词有它的固定的合乎它的个性的歌调儿。"

常州吟诵传人屠岸先生说过:"现今有一些作曲家为古典诗词或今人所作旧体诗词谱曲,有时也吸收一些吟诵的因素,由演员歌唱。这些新谱的歌曲有的也很优美,但这种歌唱跟吟诵是两回事。"

吟诵不属于表演艺术,但古代诗词原本是可以吟唱欣赏的。唐朝"旗亭画壁"的典故至今被津津乐道。在常州市老年大学文史语言系"礼赞生命·献给祖国七十华诞"2019年度专业学习成果汇报演出和市委宣传部、文广新局、市文联、老干部局联合举办的"文化点亮生活常州市第五届大型惠民活动"演出活动中,常州市老年大学学员登台作古诗词吟诵,展示老年学员的吟诵风采,获得众多好评。

七、使用就是最好的保护

叶嘉莹先生说:"我亲自体会到了古典诗歌里边美好、高洁的世界;而现在的年轻人,他们进不去,找不到一扇门。我希望能把这一扇门打开,让大家走进去,把不懂诗的人接引到里面来。这就是我一辈子不辞劳苦所要做的事情。"

采用传统吟诵的方式,通读经典,以文化人,以文育人,立德树人,传承中华优秀传统文化,是教育部门的重任。老年人对方言有天然的亲和力,能够熟练地掌握和使用方言,因此采用方言吟诵古诗词不存在语言的障碍,这是老年人学习常州吟诵的天然优势。这些年来,常州市老年大学把诗词吟诵作为一门学科来进行教学,自编知识性与趣味性相结合的教材,使之从课堂走向社会,原本"五音不全"的老人敢于登台抑扬顿挫地吟诵古诗词,印证了吟诵教学的可行性。

非物质文化遗产是祖先遗留下来的宝贵财富,而使用就是最好的保护。作为国家级非遗项目,常州吟诵进学校,推进课程建设,重视吟诵培训;组建社团培优,组织活动助推;充分发挥常州吟诵国家级非遗项目的优势,有机结合吟诵的教学方法,使中华优秀的传统文化在学校教学中得到进一步的传承和发展。

作者简介:范炎培,常州老年大学文史语言系教师。

获奖情况:本文荣获 2022 年首届全国老年大学校长高峰论坛征文优秀奖。

第四章　教师专业化

老年大学教师队伍专业化建设的路径探究

施晓征

老年大学作为老年教育的载体,是老年人"增长知识、丰富生活、陶冶情操、促进健康、服务社会"的美好家园,而一支知名度高、知识面广、具有丰富教科研经验、热心并甘心为老年教育奉献服务的专业化教师队伍,将是老年教育可持续健康发展的主体力量和原动力。就当前老年大学的发展而言,受内外部环境等因素的影响,教师队伍专业化发展的现状不容乐观,在相当大程度上影响了老年教育教学质量的提升,建设一支专业化的老年大学教师队伍迫在眉睫。

一、当前老年大学教师队伍专业化建设面临的困境

何谓专业化?专业化是指一个普通的职业群体在一定时期内,逐渐符合专业标准、成为专门职业并获得相应专业地位的过程。老年大学教师专业化建设的目标,应当是在老年大学从事教学的具有大专以上学历的专业教师,能从其执教的学科和课程的教学大纲出发,娴熟地运用教学规律,依据老年教育学和心理学的理论,按照学校所规划的专业课程,合理实施教学,在老年教育的教学领域有所发展并赢得认可,使老年受教者获得知识、体会乐趣、收获健康。

目前,全国各地老年大学基本都没有校本教师队伍,绝大部分教师都是外聘,老年大学因此肩负着建设教师队伍专业化发展的重任。各校教学目标、教学方式、师资情况不一,在整体上阻碍了老年大学教师队伍的建设和专业化发展。笔者从老年大学教学实践中发现,影响老年大学教师队伍建设和专业化发展的主要原因如下。

(一)老年教育的适需性催生了重技能、轻专业的现象

老年大学教师队伍的专业化建设,不是强调从事老年教育的教师必须是专职教师。事实上,老年教育作为"夕阳工程",更注重寓教于乐、寓教于趣,从而让"夕阳"更优雅,提高老年人的生活质量和生命健康水平。这样的教育需求决定了老年大学在选择教师时更具开放性,只要是深受老年人喜爱的有一技之长的人,都有机会被老年大学吸收为兼职教师,从而满足老年人多样化的学习需求。这种根据老年人适需性开设课程的模式,成为老年大学成立初期的主要方式。这种模式带来的最直接问题就是教师中具备专业职称的专业教师比例不高,有一些专业课程的教师是在某一技能方面有所专长的"草根教师",他们通过"师徒相传"的传授方式进一步延续教学,老年大学以此来保证课程的统一性和完整性。这些教师虽在工作中尽心尽责,确实得到了老年人的认可和喜爱,但是缺少专业方面的教学研究和理论背景,特别是在针对老年人的心理需求设置教学内容方面,既缺少教育学和心理学的有力支撑,又缺乏分层教学的专业能力。在老年教育发展初期,这种重技能、轻专业的择师标准满足了当时老年人的养老需求,但从现阶段和长远发展来看,必然会对老年教育与时代同步发展、不断满足老年人知识需求产生负面影响。

(二)"因师施教"掣肘老年大学发展专业化教学

目前,老年大学的教学没有统一的模式和样本,各地往往根据教学的实际需求,自行寻找适合本地老年人发展的教材或讲义,地区之间的老年教育往往存在较大差异。不同的老年大学因老年人需求的不同,其课程规划和择师标准也是大相径庭。从各个渠道被选进老年大学执教的教师,其文化底蕴不同,专业知识结构不同,造成了各人根据自己经验选择自己的教学内容,做不到因材施教,只能是"因师施教",教师满足于技艺的传授,老年受教者只能在技艺学习中获得满足,而不能在文化素养上得到进一步提升,因而出现了同年级同课程名称却不同教材不同教学内容的现象,缺少统一的教育目标和规范管理,难以开展专业化的教学研究活动,使得老年教育培养"现代老人"的教学目标难以实现。再加上老年大学兼职教师众多,具有分散广、约束少、集中难等特点,教师间缺乏教育教学方面的经常性沟通,各自为政、单打独斗现象突出,极大地阻碍了专业化教学研讨氛围的形成。

(三)无视教师在老年大学教学中的"首席"主体地位

老年大学教学的目标主要是通过不断提高教学质量,让老年人共享改革发展成果,实现老有所养、老有所医、老有所为、老有所学、老有所乐,成为"现代新老人",从而提高广大老年人的生命质量和生活质量。为实现这一目标,老年大学的教师水平及其教学质量是关键所在。目前老年大学对于教师在教学中居于"首席"主体地位缺乏正确的认知,不知道教师与老年学员都是老年大学教学中的主体,教师是居于主体的"首席"。在教学中,我们往往将关注的目光更多地投向老年受教者,关注他们是否在学习中获得乐趣和体验,是否在学习中找到心灵的归宿和自我发展的平台,以此来衡量教学的质量和效果、衡量教学目标的实现程度。"让老年人快乐起来"成为绝大多数老年大学教学的根本目的,而这里的"快乐"仅是感官的表层愉悦,并非生命的快乐。

事实上,"老有所养、老有所医、老有所为、老有所学、老有所乐"的教学目标,是指老年人能接受高质量的老年教育,根据老年人的生理和心理特点更新知识、充实精神生活、继续发挥作用,使老年人在社会中找到自己的方向和位置,使其参与社会事业,尽其所能服务社会,从而获得幸福感和满足感。可见,"学"和"为"才是教学目标中的重点,而这两项都离不开教师的教育引导。因此,学校忽视了老年教育中教师能力的主导作用,片面地将老年教育的教学目标归属为"乐",没有从教学层面深入思考老年人接受系统培训和学习的重要性,也忽视了对老年大学教师队伍教学科研能力的培育,缺乏对教师队伍专业化建设的支持和鼓励,主要表现为经费投入不多、教育培训不多、教学研讨不多等,影响了教师队伍的专业化发展。

二、老年大学建设专业化教师队伍路径的实践探索

老年教育的教育属性决定了老年大学必须走规范化、标准化、现代化的道路,老年大学教师队伍的专业化发展是老年大学实现"三化"道路的有力保障。老年大学办学前期,大部分学校都以"三老办学"(管理者、教师、学员均为老年人)为主,但随着社会信息化发展进程的提速升级,老年人必须接受现代社会需要的新知识、新技能,才能更好地融入现代生活,融入主流社会,这就对老年大学教师的专业

能力和水平提出了更高要求。

常州市老年大学在向江苏省示范老年大学、全国示范老年大学迈进的过程中,始终重视教师队伍的专业化建设,从调整教师结构入手,以教科研驱动为抓手,努力培育一支素质过硬、教学过硬、相对稳定的专业化教师队伍。

(一)以现代教育理念指导教师队伍优化年龄结构和专业结构

根据学校实施教育目标的需要和课程安排的需要,学校各系部负责人积极走访各相关单位,如市教育局、市文联、市文艺学校、市文化馆、市教科院和部分高校、中学,了解各类不同专业的发展情况和师资情况。在各部门、单位的大力支持下,学校更新观念,吸收引进了一批年轻的专业教师,首先从年龄结构上打破了原有的框框。挑选的青年教师来校上课后,受到了老年学员的喜爱和欢迎,很多老年人和老年学员要求报名参加年轻教师授课的班级学习。在各系部教研组中,年轻教师在现代教育技术的运用上和教育理念及方式的创新上都起到了积极的推动作用。目前,我校最年轻的教师仅21周岁,学校100多位兼职教师原来平均年龄在60岁,2016年开始,教师的平均年龄明显下降,现达到51岁。

学校在调整教师年龄结构的同时也注重调整教师的专业结构,目前绝大部分教师具有相关专业背景,学校专业课程都由科班出身的教师任课,让老年学员在学习中更好地接受专业指导。学校兼职教师中,正高职称的有3人,副高职称的有30人,青年教师均为本科及以上学历,有个别教师为硕士研究生学历。

(二)以提高教学质量作为目标对教师加强老年教育理论培训

现代教育中"共渔"是教育中的较高境界,较好地体现了现代社会以人为本的理念。老年大学的教师大部分是兼职教师,组织他们开展多种形式的教科研活动,不仅能提高他们的教学水平,也能让全体教师在教学活动中展自己之长,相互学习,在不断自我提升的同时,找到自己的职业归属感。

学校教科研活动主要借助三个平台:

一是以公开课、示范课、研究课为抓手的课堂教学研究平台。每堂公开课事先有计划、有目标。如,规范教学示范课,重点展示课堂教学结构规范、师生着装规范、教学语言规范、安全保障规范等。在各类公开课中,各系部精心准备,任课教师重视有加,认真备课、制作教具、收集资料,充分运用现代教学手段,强调师生互动,课堂气氛活跃。学校、系部领导与专业教师积极参与听课活动,并认真记录、评课。课后,系部组织专题讨论,相互交流、取长补短、共同进步,形成了浓厚的教学研究氛围。

二是以老年教育理论培训为抓手的课题研究平台。学校成立了老年教育理论研究室,目前已从课程规划、学员自主管理、"第二、第三课堂"教学等三个研究方向,设立了四个校级研究课题。课题开题论证已顺利完成,四个课题将针对老年教育的目的、特点、内容、方法、老年教育教师队伍建设、管理模式,以及老年教育现代化、规范化等主题展开研究和探索。课题研究均由青年教师担纲,中老年教师积极参与,并围绕教育教学课题开展分组研讨。现在学校所有青年教师人人有课题,并通过他们吸引全市从事老年教育教学的青年教师汇聚一起,共同开展教科研活动,推动全市老年教育实现从实践到理论、从自发到自觉的飞跃。

三是以调整和建设专业课程为抓手的课程研究平台。教育是传递经验、传递知识、传递技能的形式,是有意识的以影响人的身心发展为目标的社会活动。老年教育同样要为老年人的身心健康发展服务,为帮助老年人健康规划人生的"第三个三十年"服务。多年来,学校通过系部的教科研活动,组织教师共同参与专业课程调整建设,制订教学大纲或课程标准、编写教材,使教师自觉地围绕教育教学目标,以更高的站位来组织教学活动。在此基础上,形成了学校自身的特色课程、精品课程。教师广泛参与课程规划与标准研讨,使教师队伍的教育理论与实践水平有了新的提升。在教学中更加注重选择合适的教学形式,加强师生互动,注意教学内容的深度、广度及前瞻性,促进教学质量的提高。教师在研究与实践中,教育素养得到较大提升。学校适时成立了名师工作室,更好地培养各系部专业领军人才。

(三)以构建校园信息化平台作为实现老年教育现代化的抓手

在经济社会飞速发展的今天,信息化已涵盖生活的方方面面,成为当今社会生活的基本态势。老年大学的专业化教学只有充分利用信息化平台,才能融入当代社会。同时,信息化手段在教学中的合理运用,也能提升教师课堂教学效能,使教师更能体会自身的价值,品尝成功的快乐。因此,从满足学员学习需求、提高教师自身专业素能的需要,以及将来实现老年教育现代化出发,都亟须重视老年大学信息化平台的建设和对教师进行现代信息技术的培训。

常州市老年大学从 2013 年起,逐步建成了网络招生平台,建立了校园网,引进了协同办公系统,校园 Wi-Fi 全覆盖,除常规网络课程外,还开设了远程直播课程。同时,各系部对教师进行了现代信息技术的应用培训。目前全校 300 多个班级均建立了 QQ 群或微信群,每堂课的教学要点、教学示范、课外作业均在群内呈现,使教师的教学延伸到课外,师生交流互动更便捷,促使教师不断精研专业、更新知识,以应对网络发展带来的变革。教师现代信息技术运用能力的提升,使教师的教学内容、教学方法更丰富多彩,给老年教育的课堂教学带来新的面貌。教学中现代元素的融入,让学员更直接感受到时代的发展,也对教师的专业化素养提出了更高要求。

(四)为切实提高教学质量而建立科学评价激励机制

常州市老年大学为了不断地切实地提高教学质量,积极鼓励教师自我发展,鼓励教师积极参与课题研究和撰写教育教学论文。除学校定期编印教师教育教学论文专集外,还鼓励教师积极主动地向教育专业杂志投稿,并制订了明确的论文发表奖励标准,最高奖励可达 3000 元。

为了让教师更好地了解学员意见与需求,学校印制了班级日志,及时听取学员意见和建议。学校定期组织教学质量评估调研,了解教师的教学情况,并及时沟通反馈,促进教师教学质量的不断提升。在评估调研的基础上,结合学校对教师讲政治、讲正能量、讲主流、守规范的基本要求,每年度对教师实行考评,分合格教师、优秀教师、优秀教师标兵三个等级,分别予以表彰及奖励。经过几年的努力,学校已形成以编制内的专业教师为各系部骨干,实施各系部的专业管理,同时外聘各专业领头人担任兼职教师的良好结构。目前学校有一支素质好、教学水平高、相对稳定充足的师资队伍,并能为区级老年大学介绍、提供部分师资。

三、进一步提高老年大学教师队伍专业化建设的思考

常州市老年大学在推进教师队伍专业化发展的路径上做了一些探究和实践。笔者深刻体会到老年大学教师队伍的专业化建设非一日之功、一时之事，开展活动、优化教学、加强研讨、激励发展等方式短期内确实助推了教师专业化教育教学能力的提升，但从长远发展角度来看，必须依靠切实可行的机制建设与运行，才能保证专业化建设的持续健康发展，才能真正推动老年教育事业的稳健发展。为此，笔者提出以下建议。

（一）构建专业化人才库，培育专家型、学者型教师

老年大学师资配置，一般是招录有一定专业特长、从事过教育教学工作的身心健康、责任心强、热爱老年人教育事业的教师。这些教师承担了老年大学教师队伍专业化建设的重任。因而在选任教师过程中，既要满足老年受教者适需性的要求，又要有意识地考虑教师的教科研能力和水平，从而提升学校的整体教学质量。

在精选师资的同时，要着手构建老年教育专业化人才库，将各学科的学科带头人、教科研专业人才吸纳到人才库中，加强课题研究，加强专业素能培训，努力打造老年大学的人才品牌。此外，可以多聘请在社会上有一定声望的、在专业上有所建树的专家教授担任老年大学的客座教授，专门给教师开展教育培训；邀请机关、企事业单位的专业技术人员或大学教授等到学校开设专题讲座，拓展教师所需的专业知识和技能；鼓励教师参加各类学科教学比赛和课题研究，学校给予支持和奖励，通过多渠道、多形式努力培育老年大学自己的专家型、学者型教师。

（二）从"科研兴师"入手，实施"科研兴校"战略

教学离不开科研支撑，学校的教学科研能力和水平决定着学校的教学质量，这是老年教育实现可持续发展的人才动力，也是提升老年大学声誉最大的"口碑"。老年大学要积极实施"科研兴校"战略，正确认识和把握老年教育规律，深入研究教学内容和教学对象的特点，组织教师根据本专业特性精研课程设置、教学内容、教学方式，引导教师在教学过程中发现问题和探索规律，带着问题开展研究，发现规律用于实践。要从"科研兴师"角度入手，每年年初制订学校工作要点时，将教学科研活动与学校重点工作同步布置、同步推进，采取教师个人申报课题、教师和老年学员共同申报课题等方式，确保教师人人有课题、每个学科门类有课题，营造教师全员参与科研的良好氛围。通过"科研兴师"来逐步实现"科研兴校"，以教师专业化教学水平的提升，来带动老年受教者增长知识、融入社会、与时俱进，将"夕阳事业"打造成"朝阳工程"，推动社会的和谐发展。

（三）拓展专业化交流平台，促进资源互助共享

全国各地的老年教育因地域差异、理念差异、需求差异等，呈现出的教育理念和教育模式有着较大的不同；各地老年大学教师间的专业化交流往往局限于校内，只有部分教师能进行区级交流、市级交流等，这在一定程度上限制了教师专业化发展的步伐。笔者认为，一定区域内老年大学要建立经常化的教科研合作机制，同类课程教师共同组建课题组，承担专业化课题研究，以提升区域教学质量，提升教师整体的专业化水平。不同区域的老年大学通过组建 QQ 群、微信群等方式，加强教学沟通互助，通过教学视频、专业资料共享等方

式,实现教学资源的合理配置和优化运用。同时,老年教育需要与时俱进,积极拓展教育教学视野。老年大学可以通过"走出去、请进来"的方式,组织教师观摩学习优秀教育基地,听取教育专家传授教学经验,以提升教师教学水平。随着国际化交流的日益频繁,老年大学也可以走出国门学习先进的国际教育理念,或者邀请国外友校来参观交流,共同开展教学研讨,努力使老年大学教师的专业化建设走在时代发展的前列。

(四)健全教学科研激励机制,推动人才脱颖而出

老年大学在营造教师良好教科研氛围的同时,需要配套相应的激励机制,鼓励和指引教师积极开展专业化研究。学校要鼓励教师站在教科研的一线开展专业化研究,并重视对研究成果的保护和奖励,根据研究质效给予物质奖励和精神激励,激发教师内在的专业化发展需求。精神激励的着力点,主要是充分调动教师的主观积极性,可以通过开展"我最喜爱的教师""精品教案""百分百课堂""学科带头人"等评选活动,引导教师在参与中主动"充电",自觉钻研专业知识和技能,提升自己的专业能力和水平。精神激励的更高层次是树立名师品牌。对于专业化水平较高的专家型、学者型教师,要积极打造名师工作室,在区域内乃至全国树立典型、打响品牌,真正让教师获得自我价值的满足感和认同感,以此推动教师整体的专业化发展。

综上,常州市老年大学在教师队伍的专业化建设方面做了一些探索和尝试,虽取得了一定成效,但仍需在反思中不断发展和改进。现将工作情况与大家分享,以期与其他兄弟学校相互交流学习,推动工作再上台阶!

作者简介:施晓征,常州老年大学党支部原书记。

获奖情况:本文荣获 2019 年全国老年大学规范教学管理征文一等奖。

刊登情况:刊登于常州老年大学学报《大观》2018 年 12 月创刊号。

新时期老年大学师资队伍建设的
探索与实践

薛二伟

　　随着老龄化社会的快速发展,我国老年教育事业在国家和地方政府的重视、社会各界的支持关心下,得到了稳步发展。常州老年大学经过 30 余年发展,初具规模。学校现设有 8 个专业系部,专兼职教师 130 余名,开设百余门课程,390 多个班级,在校学员 13500 名。形成了多学制、多专业、多层次,下设多个区级分校、社区教育培训点的综合性老年教育学校。2017 年学校被评为全国示范老年大学。

　　百年大计,教育为本;教育大计,教师为本。教育内涵发展、质量提升,教师队伍是关键因素。和其他学校一样,老年大学的发展离不开高水平、专业化和创新型的教师队伍。由于老年教育的特殊性,老年大学 95％以上的任课教师是外聘兼职教师。在老年大学从无到有的发展过程中,这支队伍立下了汗马功劳,并将继续为老年教育事业发挥作用。进入 21 世纪新时代以来,老年大学的师资队伍存在明显不适应问题:年龄偏大、学历偏低、知识陈旧、师资队伍不稳定。从长远看,这些问题如果不能有效解决,将影响新时期老年教育事业的可持续发展。

一、问题

（一）缺乏有效的聘用考核机制

老年大学成立初期，严重缺乏师资，教师来源多为熟人介绍、毛遂自荐。学校饥不择食、来者不拒。谈不上录用前面试、上课后评价等必要的程序，更没有考核。这种录用机制沿用至今。如果说老年大学成立之初这种方法解决了老年大学师资不足的燃眉之急，那么对于过了而立之年的老年大学，这种录用方式已经明显不适应老年教育的发展、老年教学质量的提高，亟待改变。

（二）教师的主体地位无法体现

我校 130 名专兼职教师中，在编教师只有 9 名，其余 120 余位教师均是外聘兼职教师。90％以上是兼职教师。之前老年大学和兼职外聘教师是简单的签约上课的契约关系。老年大学对兼职教师使用多于培养，到时间来上课，上完课走人。教师在学校的主体地位没有充分体现，兼职教师也不参加学校的教科研活动，外聘教师对老年大学没有归属感、荣誉感。同样，老年大学对他们缺乏有效的管理手段。

（三）来源不一，水平能力参差不齐

外聘教师来源不一，有在职的，有退休的，从各个不同渠道来老年大学执教。其中有从事教育工作经历，具有较为丰富教学经验的；也有来自各行各业，没有教学经历和教学经验的。他们对老年教育的教学规律、教学方法等认识、体会不同,教学能力参差不齐,教学效果差异较大,学校教学质量难以控制。学校和外聘教师,外聘教师和外聘教师间缺乏必要的、经常性的教学交流、沟通,这严重影响了专业化教学研讨氛围的形成。

(四)部分教师精力有限,影响课堂教学质量

一些外聘教师来自全日制学校和培训机构,一些年轻的艺术类专业的外聘教师都有自己工作室。这些外聘教师担负着原有学校的教学科研任务,花在老年教学上的备课时间不足,甚至严重短缺。当授课时间发生冲突时,往往会牺牲老年大学的教学质量。

(五)课酬偏低,影响外聘教师的积极性

限于各种因素,老年大学的课酬普遍偏低,和社会上的培训机构、全日制学校的课酬相比,差距较大,因此缺乏吸引力,很难聘请到优秀教师,更不用说聘请名师名人、专家学者来校授课,讲座。

因此老年教育要发展,要提高老年教育教学水平和质量,保证老年教育可持续发展,必须重视师资队伍建设,着力解决上述问题,建立一支稳定的,满足老年教育可持续发展要求的优秀师资队伍。

二、举措

国务院于 2016 发布了《老年教育发展规划(2016—2020 年)》,对老年教育的"加强队伍建设"提出了许多建设性意见。国务院的文件为老年大学师资队伍建设指明了方向。近年来,常州老年大学

花大力气、大投入,创新创造老年大学师资队伍建设方法、手段,取得了显著成效。

(一)依法治校,加强师资队伍建设

常州老年大学章程专立第三章为"教师队伍",其中第十六条为:加强教师队伍建设,逐步建立一支德才兼备、满足需求、结构合理、相对稳定的教师队伍。学校制定并完善评价和激励制度,充分调动广大教师特别是青年教师的积极性和主动性,树立和宣传教师典型。

第十七条为:学校建立"教坛新秀、教学能手、骨干教师和老年教育名师"(教师四级阶梯)培养制度和管理办法,建成青年教师"复合型"人才培养平台,设立"名教师"和特色教师工作室。学校建立质量评估体系,实行年度教师考评,设定合格教师、优秀教师、优秀教师标兵三个等级,分别予以表彰及奖励。学校设立"荣誉杯",表彰为学校作出突出贡献的校内外人员。

章程的建立,使得学校的师资队伍建设有规可依。

(二)师资队伍建设列为每年的重点工作

从2018年起,为了加强和优化师资队伍建设,改善师资队伍结构、提升师资队伍教学能力,始终是学校每年的重要工作。

2018年的年度工作计划中首次提出"推动'四级阶梯人才培养工程',建设'名师工作室'和'特色教师工作室',实现师资素质、质量的提升和青年教师复合型人才培养台阶的提高"的年度目标,重点要"加快师资结构调整,建立以老中青为组合的教师队伍"。

2019年的年度工作计划提出"巩固和完善'四级阶梯人才培养

工程',推动'名师工作室'和'特色教师工作室'全面建设,实现师资队伍特别是青年教师素质和质量的提升"的年度目标,与之配套出台了"加强师资队伍建设的 10 项措施"。

2020 年度工作计划则提出"巩固和完善'公开招聘兼职教师'人才制度,推动'名师工作室'和'特色教师工作室'重点建设,实现师资队伍质量的进一步优化"。

(三)制定与实施外聘教师录用考核制度

2018 年学校成立了校内外专家组成的常州老年大学教学委员会,其中一项工作,就是组织外聘教师的招录面试工作。从 2019 年起,学校定期在各种媒体上发布招聘信息,向全社会招聘兼职教师,变"按岗求师"为"按需择师",增加选聘余地,拓宽教师来源渠道,广揽各类人才。同时严格实行"凡招聘,必面试"的制度,彻底改变之前外聘教师"介绍即录用,录用无考核"的现象,一方面从源头严把外聘教师质量关,另一方面优化师资队伍的年龄、学历结构,逐步增加教师资格证的持证人数。

2019 年学校第一次面向全社会招聘兼职教师,应聘教师 64 名,经面试、试讲后进入学校师资库 43 名,当年进入教学任课 18 名。经过一个学年的教学,通过学生评教,学校督导组考核续聘 16 位,解聘 2 位。2020 年学校继续面向全社会招聘兼职教师。受新冠疫情影响,学校采用"云面试"的方法,分两批三次面试课程负责人和兼职教师,共招聘录用 43 名。两次面向全社会招聘兼职教师,较大程度上改变了师资队伍年龄偏大、学历偏低现象(图 1—图 3)。

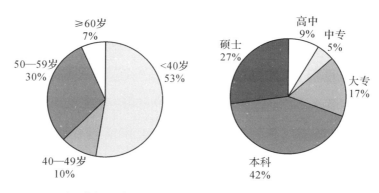

图1　新聘教师年龄结构　　　图2　新聘教师学历结构

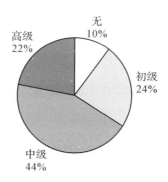

图3　新聘教师职称结构

从图1看出,新聘教师中,年龄小于60岁的教师占比为93%,大大高于原来的52%。

从图2看出,新聘教师中大专以上学历的占比为86%,比原先的77%高了9个百分点。

从图3看出,中级以上职称的占比为66%,比原先的49%高了17%。原先无职称的高达39%,新聘教师中仅为10%。

(四)全方位多举措吸引优秀教师

为了充分体现教师在学校教学工作中的主体地位,做到既能引入好教师,又能留住好教师,让好教师有归属感、荣誉感,愿意为老年教育事业做出奉献,学校制定了相关政策,千方百计用老年教育"事业留人",用满腔"感情留人",用恰如其分的"待遇留人"。

1. 事业留人

2018 年以来学校构建三大平台,大力培养、促进各类教师成长。

(1)四级阶梯成长平台。

学校为所有在编、外聘教师搭建了四级阶梯:教坛新秀、教学能手、骨干教师和老年教育名师。学校同时建立了与此配套的各项激励机制,创造各种条件鼓励和引导专兼职教师在课余积极开展老年教育教学专业化研究。每年组织专兼职教师参加继续教育培训,实施走出去、引进来战略。学校鼓励教师站在教科研的一线开展专业化研究,使不同年龄层次的教师都可以在四级阶梯中找到自己的位置,把自己的才能奉献给老年教育事业。

(2)名师工作室平台。

2019 年学校根据常州老年大学名师选拔条件,通过自主申报、系部推荐、专家审核、校务委员会通过,认定 8 名教师为"常州老年大学教学名师"。同时经过评选,为部分名师建立工作室,为开展教学研究创造条件。工作室成员大都为校骨干教师,在名师带领下,开展相应的教科研工作。目前已经挂牌的有刘国钧研究工作室、恽南田画派研究工作室、老年合唱工作室、老年人与智能化工作室、社区健身与服务研究工作室等 8 个工作室。

(3)教科研平台。

鼓励青年教师通过独立承担课题、和常州市高职院校或联合或参与等不同方式,承担教科研课题,锻炼培养教坛新秀、教学能手,提升青年教师的教学能力、课程设计能力,加快青年教师的成长成才。

2. 感情留人

2019 年,为纪念国庆 70 周年、常州老年大学建校 33 周年,学校编写的《您好,常老大》报告文学集正式出版,所有报告文学都出自教职员工和学员之手,其中有十数篇热情讴歌老年大学的教师,为这些多年为常州老年大学默默付出的教师树碑立传。

2019 年教师节活动"为每一位教师留影"拍摄校园留影制作精美相框,敬老节为每位 60 岁以上教师送上点心班学员制作的重阳糕,春节前走访老教师,慰问困难教师,提供力所能及的帮助。

3. 适当待遇留人

用老年教育事业留人,用满腔热情感情留人,也需要适当的待遇留人。近两年来,本着效率优先、兼顾公平的原则,学校制定和完善薪酬制度和规定,激励、支持教师在老年教育教学上创新、创造。学校探索课酬和职称、教龄挂钩,加大对名师、优秀骨干教师奖励力度,较大幅度提高校级公开课、示范课的课酬,逐年提高兼课教师津贴标准。对编著、参编老年教育教材,发表老年教育论文者给予经费资助和奖励,具体的办法如下。

各位校级名师每年发放名师津贴。

2019 年,将课酬标准平均提高 10%,每次上课另加车贴补助。

年终考核优秀的教师,除精神奖励外,给予嘉奖。受奖面不低于外聘教师总数的 40%。

在老年大学连续授课满 4 年的教师在上述基础上再行奖励。

2020 年初因新冠疫情的影响,学校所有课程都改为网络课程,许多中老年教师克服种种困难,花费平时几倍时间,学习网络教学技术、制作课件、录制视频。为了体现教师的劳动价值,鼓励教师开展网络教学,学校在正常的课酬基础上,再发特殊津贴。

学校在 2020 年出台精品课程管理办法,其中一条是大幅提高精品课程的课酬标准。

三、思考

近年来,常州老年大学在建立高质量、专业化的师资队伍方面做了一些探索和尝试,已经见到了一定成效,但还存在许多不足,还有不少可提高空间、完善之处。学校通过两年一次的师资工作会议,逐步形成了师资队伍建设的新思路、新途径,主要有以下几点。

一是构建专业化人才库,培育专家型、学者型和实用型的各类教师,逐步满足老年朋友的教育需求。

二是从"科研兴师"入手,实施"科研兴校"战略,推动各级各类课题研究,解决老年教育实践过程中的实际问题。

三是拓展专业化交流平台,促进资源互助共享,特别是与本市各区域、社区建立教育资源共享网络。

四是健全教学科研激励机制,推动人才脱颖而出,特别是建立专兼职教师专业成长的四级阶梯。

作者简介:薛二伟,高级讲师,常州市老年教育发展中心副主任、常州老年大学副校长。

获奖情况:本文荣获 2020 年第十四次全国老年教育理论研讨会三等奖。

刊登情况:刊登于常州老年大学学报《大观》2021 年 7 月,总第 4 期。

二、总辅导员制度建设的具体做法

(一)建立制度

2019 年是常州老年大学"质量管理效益年",其中有一项目标任务即是合理调整部门、系部设置和人员配置,积极推行总辅导员工作制度,用制度形式加以固化和指导。为此,学校于 2019 年 4 月制订《常州老年大学总辅导员工作制度》,明确总辅导员的隶属关系、主要职责和任务、选聘条件、工作方式和待遇等。

根据《常州老年大学总辅导员工作制度》,学校总辅导员属学校聘用的非行政工作人员,隶属相关系部,接受系部直接领导。具体负责系部学联会和班联会工作,在校系两级领导下,指导系学联会及班联会开展日常工作和活动;负责组建和管理学联会、班联会及其班委组织机构,并建立相应工作联系网;定期召开学联会、班联会和班长会,传达并贯彻校系两级工作计划和要求,及时发布相关工作动态和通知,做到上情下达、下情上报;经常深入班级和学员中间,了解学员学习动态,听取学员对校系工作的意见和建议,及时协调和解决相关问题,必要时应向系部负责人或学校相关负责人汇报和反映情况;对教师和学员提出的问题及时进行反馈;协助期末的教学测评、统计和汇总工作;承担校系两级临时布置的相关工作等。

(二)工作运行

2019 年 9 月,学校开始正式实行系部总辅导员工作制度。起初,学校经由各系部征求意见并推荐,教务处审核,同意聘任 15 位同志分别为系部总辅导员和总辅导员助理,聘期 2 年。经统计,学校总辅导员队伍中,总辅导员 8 人,总辅导员助理 7 人;平均年龄 59.67 岁;13 女,2 男;学历本科及以上的只有 4 名;来源以企业居多(见图 1—图 3)。

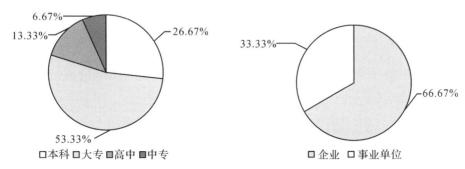

图 1　常州老年大学辅导员学历情况　图 2　常州老年大学辅导员来源情况

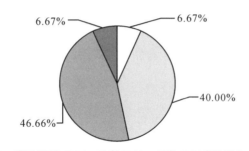

图 3　常州老年大学辅导员年龄分布情况

近年来,经过不断调整和更新,至 2023 年,总辅导员队伍中学历为本科的人数已达到 6 名,整体文化素养有所提升。

(三)人才来源

总辅导员是从事老年大学学员管理工作的一支重要队伍,人员的选择至关重要。学校在选拔条件方面,倾向于选择热心老年教育事业、具有较强的组织管理能力、有较好的语言和文字表达能力、能正确协调处理师生关系、身体健康,年龄适当(男 70 周岁以下,女 65

周岁以下,对有学员管理经验者可分别放宽 5 周岁)的人才。由系部负责总辅导员的选配,并报学工处审核同意。原则上每 30 个班级配备 1 名总辅导员,如超出 15 个班级,可增设 1 名总辅导员助理。系部行政不设学员管理负责人的,视情况可增设 1 名总辅导员助理。采用聘任制,聘期一般为 2 年。期满,根据任职情况可解聘或续聘。由各系部自行考核,其结果报教务处审核备案。

为了及时补充学校总辅导员队伍,建立和完善总辅导员人才信息库,学校在经过一年总辅导员的聘任期后,于 2020 年 6 月特面向社会公开招聘总辅导员。八系部也积极响应学校 2020 年年度工作计划之一"完善总辅导员制度"的目标任务,根据本系部实际工作现状和工作需要,提出了部分调整建议和方案,以期更好地优化系部结构,提高工作效率。此次招聘最大的完善之处就在于将总辅导员的年龄减至 60 周岁及以下,且欢迎 80、90 后人员加盟;采取公开、公平的招聘方式,择优选用;一般情况下,每年 1 月和 6 月,学校于学期末会面向社会发出招聘公告,如有特殊情况,则随机接受推荐和自荐。在每年的总辅导员录入名单中,人员年龄结构年轻化,学历结构高层次化,十分贴合学校对总辅导员队伍的建设初衷。

(四)培养与考核

多年来,为了帮助总辅导员更好地进行工作,学校用培训和实践等手段提高管理素质,用"以老带新"的方式帮助新总辅导员更好地适应、过渡,减少学员服务断层的不良感觉,增强服务学员的延续性。此外,学校专门组织相关培训课程,并在平时的工作中,不断总结经验,不定期组织会议、座谈会,听取总辅导员在工作中遇到的各种问题和困惑,通过积极的沟通交流,提高总辅导员的整体工作能力、工作效率、工作积极性。

有培养有实践,就要有相应的考核机制。为了切实加强总辅导员队伍建设,不断提高总辅导员队伍的政治素质和业务能力,鼓励先进,促进总辅导员队伍的良性发展,学校特制定《常州老年大学总辅导员考核办法(试行)》,明确总辅导员的考核范围、时间、条件、程序等,组织对总辅导员进行年度考核。考核针对所有工作满一年及以上的总辅导员及总辅导员助理,将考核等级区分为"合格总辅导员"的考核和"优秀总辅导员"的考核,并定当年度的 12 月为集中考核月。

根据《常州老年大学总辅导员工作制度》《常州老年大学总辅导员考核办法(试行)》相关精神,2020 年 12 月学校进行了第一次总辅导员年度考核。在总结考核会议上,每位总辅导员都深有感触地汇报了近一年来的工作,有辛苦、有辛酸,但也有欢乐,始终以良好的精神面貌、积极的工作态度面对工作。学校根据总辅导员的个人总结情况,以及平时的具体工作表现,由学工处组织集中交流,并在一定范围进行民主测评和民主推荐,再会同系部进行初评,提交考核报告,交由校长室审批。总辅导员年度考核办法并不只是在于评个优劣,而是重在平时、贵在实绩、实事求是,目的在于重视优秀总辅导员的典型经验的总结和推广。此良好的评价机制,在多年的工作中,逐渐常态化,促进总辅导员队伍的良性竞争和优化。

(五)待遇与激励

总辅导员实行弹性工作制,每周来校工作一般不少于 6 个半天;按工作月发放工作津贴,一般按月发放。鉴于总辅导员以及总辅导员助理在年度教学管理、5S 管理、疫情防控各方面工作突出,根据

《常州老年大学总辅导员考核办法（试行）》的精神，学校对总辅导员及总辅导员助理进行统一表彰，并予以通报和奖励，以此感谢总辅导员为学校的付出，也希望总辅导员在工作中找到归属感，找好自己的站位。

三、总辅导员制度产生的影响和成果

（一）系部管理的基础性地位得到了巩固和加强

总辅导员属非行政人员，非全日制工作，具有一定的自由度和流动性。在系部正副主任集中精力进行课程管理和师资调配工作的情况下，总辅导员负责系部学员工作，以班级为单位，组织好学联会、班联会，大力发挥班长的作用。这样就形成了正副主任、总辅导员三者共同组成的系部管理结构，实现系部权责明确、责任到位的管理模式。

（二）学员的"三自能力"得到了充分发挥

学校大部分系部的总辅导员是由系部学员或者班长发展而来，这些学员本身就有着更为自觉的"自我教育、自我管理和自主学习的能力"，为其他学员服务的意愿也更强烈。他们从学员中来，到学员中去，这当中身份转变带来的思想转变显得更为突出，比如更高的自我要求、更亲和的服务态度、更强的主人翁精神。尤其在新冠疫情的大环境下，学校各项工作立即从线下转为线上。为了让学员有较好的线上课程体验感，总辅导员配合任课老师做好课前提醒工作、签到工作、老师与学员之间的沟通桥梁工作、作业上交工作、信息反馈工作等等,原本 8 小时的工作时间瞬间延长,目的之一就是尽力安抚学员因疫情带来的负面情绪,让大家在足不出户、无法到校"团聚"的情况下,也能有良好的上课体验、积极的情绪反馈。

(三)系部的管理效益得到了提高和优化

总辅导员是学校与学员连接的中坚力量,是学校系部第一线的工作者,是最贴近学员的存在,在学员心中占据着不可忽略的位置。总辅导员的加入,使得系部结构得到优化,人不在多而在于"精"和"专",每位管理人员只有负责好自己的职责内容,彼此互相协作、配合,共同把系部管理好,实现科学管理、有序管理、高效管理,才可以做到管理者之间彼此协作却不较劲,彼此配合又不冲突,才能让系部工作蒸蒸日上。

四、总辅导员工作的创新及其体会

(一)改变了管理的观念

以往的系部管理,是系部主任"一肩挑",既负责课程管理和师资调配工作,又负责学员管理工作,实行"蹲坑式"班级管理模式,即每天系部管理人员全部深入本系部各个班级里,点名、签到、管理座位、准备教学设备等,无法抽离,呈现大家长式的管理方式,面面俱到,完全忽视了学员的自我管理能力,既落后又低效。而今,总辅导员队伍的建立、工作制度的实行,大大减少了系部管理的内耗问题,进一步提高了系部管理的效率,呈现一种科学、合理的新型管理模式,从根本上改变了落后的管理制度,形成了更高效、更便捷的管理观念。

(二)重视了管理资源的开发和利用

老年大学的教育不同于中小学的教育,最大的不同点就在于教育对象和教育目的的不同。老年大学的教育对象是一群有着丰富人生阅历的成年人,而且还是老年人,他们的行为相较于未成年人来说,更加可控。而教育目的上,老年大学更倾向于一种自娱自乐、自我学习、自我提高式的补充学习,与中小学截然不同。因此,老年大学要想实现成年人管成年人,何不充分挖掘蕴藏在老年学员中的管理人才、优质人才呢? 学校鼓励这些有能力的学员走向管理岗位。一方面,这部分学员本身就更了解学员们的想法和心声;另一方面让这部分学员得以不断提高自身、自我优化,并利用自身优势帮助学校服务其他人,相得益彰。

(三)增强了学校管理队伍的活力

总辅导员是一支不可或缺的管理队伍。一方面总辅导员自身角色的特殊性,使得学校和学员之间的关系更为紧密,既可以下达学校的一些要求,也可以上传学员的真实需求,从而减少矛盾的发生,增加沟通的渠道;另一方面总辅导员来源的独特性,有从学员中来、有从兼职教师中来,这种特殊性也增强了学校管理队伍的整体活力,让管理方式不断推陈出新。学校在不断改善中上下齐抓手,一条心,拥有了我校自己的学员管理队伍——总辅导员队伍。

如果说,常州老年大学在教学管理、文化建设等方面有很多敢为人先的创新之举,那么"总辅导员"制度的形成肯定是其中最具代表性的成功之举。俗话说,一方水土养一方人,"总辅导员制"是我校管理的一大特色和亮点,它特就特在这一制度是在常州老年大学这所大学里诞生的,适应老年大学管理特殊要求,有效缓解老年大学管理的实际困难;它亮就亮在,这支队伍的骨干主要从学员中来,能与学员融为一体,他们了解学员、最懂学员,既是学员学习的好帮手,又是学员的贴心人。

作者简介:丁晨玥,讲师,常州老年大学学工处处长。

获奖情况:荣获2022年江苏省老年教育优秀论文一等奖,常州市终身教育学会优秀论文三等奖。

刊登情况:刊登于常州老年大学《大观》2021年9月,《江苏省老年教育论文集》。

青年教师从事老年教育的专业化发展

王亮伟

　　教师专业化是指教师在整个职业生涯中,通过专门训练和终身学习,逐步获取教育专业的知识与技能,并在专业实践中不断提高自身的从业素质,从而成为教育工作者的专业成长过程。它包含两层含义:一是指教师个体通过职前培养,从一名新手逐渐成长为具备专业态度、专业知识和专业技能的成熟教师及其可持续的专业发展过程;二是指教师从非专业、准专业逐步走向具有专业性质的职业进步过程。

　　目前,有相当数量的青年教师走进老年大学,从事老年教育教学工作。他们的专业化发展,同样引起大家的关注和重视。从目前情况看,他们在专业化发展中还明显地存在一些问题。

　　一是专业化发展意识淡薄。有些教师认为老年教育比较简单、老年人的需求不高,青年教师在知识储备和技能提升上,有一般水平就足够了。有人觉得,作为教师只要掌握自己学科的知识,并传授给老年学员即可,而对其他的知识比较排斥,致使知识面比较狭窄;也有人特别强调教学行为的传统性,拒绝现代教学理念和手段。由于缺少对专业发展清晰的认识,因此严重降低了对于自身职业的认知度和认可度,严重影响了这些教师的专业化发展进程。

二是专业知识缺乏,专业能力不足。有些青年教师过分重视学科知识而忽视教育教学理论和实践的知识,过分强调教学技能而忽视其他技能的综合培养,过分强调教育本身的特点而忽视老年人自身的特征和需求。如此盲目追求单方面的发展难以满足当下老龄化社会需求,也难以满足老年人精神和心理需求,不平衡的知识储备和能力培养,直接影响老年教学实践和教育科研工作,最终阻碍了教师的专业化成长。

从事老年教育的青年教师如何专业化发展?

一、树立正确的教育观念

教师是学习活动的组织者和引导者。这对任何一种教育形态,都是相通的。由此要求青年教师转变观念、更新知识、提高技能,熟悉和研究受教育者,钻研课堂教学规律和方法,不断提高自身的综合素质和素养。

教师的专业化发展不仅是发展专业知识和技能,更重要的还有专业情感。教师珍惜讲台就要发展自己,珍惜讲台就要做最好的自我。只有先珍惜讲台,才能热爱讲台;只有热爱讲台,才能享受讲台。

二、青年教师专业化发展的主要路径

(一)坚持自主学习

青年教师应积极更新知识结构,不断学习新的专业知识和老年教育教学成果,在完善自身专业知识结构的同时,还要学习其他学科知识,尤其是老年教育学和老年心理学,并善于通过调研,借鉴高等院校和职业院校课程经验,吸收适合老年教育的各种社会资源。在学习的同时,能找准自己的定位,有的放矢地进行"取长补短",并进行教学反思和改进,最终达到自我成长。

(二)提升教学技能

教学技能是教师的"内功",有内功才有层次、有水平,这最能反映青年教师教学能力的高与低。从书本学习固然重要,但向实践学习同样重要,两者不可偏废。青年教师要学习和掌握现代教育技术,并将其及时引入老年教育课堂。要向老教师虚心学习,并通过挂职、研修或交流,进行必要的职业磨炼。

(三)研究课堂教学

青年教师的成长在课堂,发展同样在课堂。课程设计、教学实施、教材使用和教学评价等过程性要素都汇合在课堂。这里既能构建出属于学员的知识结构和知识技能体系,又能反映出青年教师自身的水平和社会价值。要研究课堂,首先要研究教学对象学员,要研究课程特点,要研究教学方法和手段,确立课堂教学目标,完善课堂教学结构,处理难点、重点和关键点,采取更好的方法进行授课,从而提高课堂教学质量。

(四)激发学员兴趣

兴趣是最好的老师。兴趣同样是老年人学习的主要动因,这里面涉及个人经历、心理和精神以及社会的诸多原因。如果说,老年人在感觉上失去乐趣,那学习肯定是被动的,学习效率不会高,学习效果自然也不会好。一个教学能力强的教师,最要紧的是培养学员良好的学习兴趣和学习习惯,让他们主动学、自觉学和终身学。

（五）培养教学风格

教师需要长期坚持和锻炼,并通过时间和实践的考验,最终才能形成学员欣赏、同行赞同、社会认可的一套完整的教学风格。目前,老年教育还是一项"朝阳事业",仍处于探索阶段,这对于青年教师的专业化成长是机遇,也是挑战。教学风格的形成,不能一蹴而就,必须与自身条件的优势相结合,必须与老年教育的实际相联系,必须与教育投入的效益相关联。同时,善于探索实践、集思广益和博采众长,也是青年教师教学风格形成的必由之路。

刊登情况:刊登于常州老年大学学报《大观》2020 年 7 月,总第 3 期。

老年大学教师专业发展的实践举措

徐晨钰

一、声乐戏曲专业教师队伍现状分析

常州老年大学声乐戏曲系拥有专兼职教师共 33 人,其中专职教师 3 人,兼职教师 30 人。师资人才库储备 10 余人。教师年龄结构:35 岁以下 11 人,35—55 岁 12 人,55 岁以上 10 人,平均年龄 51.2 岁,其中男性 7 人,女性 26 人(见表 1)。这些教师中具有高级职称的有 2 人,中级职称的有 6 人,本科及以上学历教师占 60.6%。11 名 35 岁以下的年轻教师,全部具有本科生以上学历,其中 4 位具有硕士研究生学历,所学专业与任教学科一致(见表 2)。大专学历的教师主要集中在戏曲类课程,他们在本专业均具有较丰富的教育教学经验和较好的实践技能水平。

表 1　常州老年大学教师年龄结构

专业	人数	性别		平均年龄（岁）	年龄		
					35 岁以下	35—55 岁	55 岁以上
声乐	18	男	6	39.4	11	4	3
		女	12				

续表

专业	人数	性别		平均年龄（岁）	年龄		
					35 岁以下	35—55 岁	55 岁以上
戏曲	15	男	1	64.2	0	8	7
		女	14				

表 2　常州老年大学教师学历及职称结构

专业	人数	学历	人数	职称	人数
声乐	18	高中	0	无职称	12
		专科	1	初级职称	2
		本科	13	中级职称	3
		硕士	4	高级职称	1
戏曲	15	高中	5	无职称	11
		专科	7	初级职称	0
		本科	3	中级职称	3
		硕士	0	高级职称	1

声乐戏曲系设有声乐与戏曲两大专业课程,现有 55 个班级,涵盖声乐、声乐基础理论、歌唱语音、合唱、锡剧、越剧、京剧、戏曲形体等课程,有完整的专业课程体系,除专业基础和分立课程外,还设影视金曲、中国民族歌剧、中国近现代艺术歌曲、锡剧经典唱段演唱等专业拓展课程。师资结构逐步呈现年轻化态势,为系科专业化、持续化发展提供动力。目前,担任声乐、越剧、锡剧、京剧、戏曲形体等专业课老师的都是本行的佼佼者,既有功底深厚的老一辈艺术家,也有年富力强的中年骨干教师,更有青春活力的专业院校毕业的年轻教师。

声乐戏曲系注重教师队伍的教学、科研及实践,以育"新时代社会老人"为目标,建设"敬业＋专长"师资,积极服务社会、奉献社会,逐步打造成为有品牌、有特色、高质量、高水平的系部教师团队。

二、声乐戏曲专业教师队伍建设存在的问题

(一)师资结构不均衡

系部整体教师队伍的平均年龄适中,但分专业细看,声乐专业的师资结构年轻化,戏曲专业的师资结构老年化,均缺乏中坚力量的有效支撑,且性别比例相差较大,不利于课程、教学等方面的可持续发展。教育师资不充分、不均衡,学历方面总体上有优势,但需加快提升职称方面的整体水平。对于老年声乐和戏曲专业教学方面的经验差异较大,需充分发挥老教师的传帮带作用,充分调动新教师的教学热情和积极性,以老带新,以新促老,打造高水平的老年教育师资队伍,满足老年人日益增长的教育文化需求。

(二)师资队伍不稳定

青年教师流动性大,高年资教师身体素质差,且教师们分散广、约束少、集中难,系部综合管理难度较大。同专业的教师之间缺乏教育教学方面的经常性沟通,各自为政、单打独斗现象较突出,较大地阻碍了专业化教学研讨氛围的形成。缺少统一的教学目标和规范管理,难以开展专业化的教学研讨活动,从长远来看,会对老年教育专业的长足发展产生较大影响。声乐专业一位教师的请辞可能会影响到这门课程的开设,戏曲专业尤为突出,在传承传统文化艺术方面受到很大的制约和影响。

(三)教科研基础薄弱

声乐戏曲教师专业技术实践能力较强,但在理论学习、课题研

究、撰写教育教学论文等方面有所欠缺。特别是缺乏老年教育专业的理论背景,如老年教育学、老年心理学等,且缺乏分层教学的专业能力和丰富的教学实践经验。比如:在声乐戏曲系,声乐和戏曲两大专业的教学中,教学对象存在很大的差异,而在同一批招生入学的声乐初级班,各班的教学对象的知识结构、音乐素养、学习氛围等方面也存在明显差异,这对教师授课提出了非常高的要求。必须经常研究教学对象,总结分析各方面情况,理论与实践相结合,不断调整完善教学过程的具体实施方案,切实提高教学质量。

三、声乐戏曲专业教师队伍建设的实践举措

(一)广开来源渠道,扩充师资数量

1. 完善"公开招聘兼职教师"制度,实现师资力量的有效配置

通过公开推荐和招聘、主动聘请或特聘等多种渠道广纳人才,实行"上挂下联"式的联合办学或对口支持办学,试行特殊课程的"外包"办学,实行"特聘教师"和"特聘研究员"工作。2019 年始,经学校每年统一公开招聘面试进入师资人才库的教师累计达二十多位,涵盖声乐、戏曲、合唱多门专业课程,有些教师已经按照系部课程框架体系设置安排教学;有些教师正在筹备发展中的新专业课程的教学;有些教师被安排到军休所福利院等分校、区老年大学等地指导教学;还有少量教师因受到时间、场地等多方面的限制暂未开展具体教学,一旦有合适的时机,即可安排教学。

2. 规范管理保障质量,构建老年教育师资准入机制

引导有关从事老年教育的教学工作者参加培训,学习老年教育

理论知识,熟悉老年教育一般规律,掌握老年教育教学技能,了解老年教育政策法规,具备基本的信息化教学素养,能结合授课对象情况,对所教的专业课程进行设计与改良,初步具备从事老年教育的职业能力与综合素养。培训的内容包括老年教育学、老年心理学、老年教育教材教法和一般教育信息技术等。培训采取线下面授、线上研修和实践试讲等方式进行,完成培训经考核合格,学员将获得由常州市老年教育发展中心颁发的"常州市老年教育师资入门培训"合格证书。同时,对已进入老年教育的专业教师要完善相应的培养方案和制度,全方位地加大培养力度,提高整体素养能力,使培训更加有针对性,促进老年教育教师队伍更好地为老年教育服务。

(二)提升教研能力,加大研究力度

1.加强青年教师学习能力,推动教师专业化发展

引导青年教师树立正确的老年教育观念,并且重视从以下几个路径达到专业化发展的目的:一是积极更新知识结构,不断学习声乐戏曲专业领域的新专业知识及老年教育教学成果,同时学习其他学科知识,特别是老年教育学和老年心理学,并通过调研,借鉴吸收高等院校和职业院校等适合老年教育的各种社会资源;二是学习和掌握现代教育技术,将其及时引入老年教育课堂,向老教师虚心学习,并通过挂职、研修或交流,进行必要的职业磨炼;三是注重教学实践与教科研相结合同步发展,要研究教学对象、课程特点,研究教学方法和手段等,经常进行教学反思和改进,积极参与课题,总结形成论文等。在这个过程中进一步提高对老年教育教学的认识,理论指导实践,提高课堂教学质量,实践反哺更新理论思想。

2.规范系部教科研活动,实现教师团队"共渔"

每学期制订教科研活动计划,按计划实施新教师新课程开课、优质课公开课听课研讨、主题培训学习交流、主题实践音乐会演出等活动,并相应建立了声乐课程组、戏曲课程组和合唱课程组,定期开展教科研活动。每位从事教学的教师不仅能从活动中进一步提高教学能力水平,也能在活动过程中充分展示自己、互相交流学习,不断提升老年教育教师团队整体的核心能力。充分整合系部教学资源、发挥集体智慧和优势、提高课程教学质量,并培育优质课程、培养优秀教师、形成教学成果、深化课程改革、促进学校内涵建设。

3.建立全市声乐专业课程协作组,实现区域教师抱团发展

组建由常州市各老年教育机构的声乐课程教师、管理干部自愿参加、自主管理的教学科研协作组织,旨在共同积极推进老年教育声乐课程专业建设和教学改革,完善声乐课程教育教学标准,共同开发相关课程资源和教材,加强校际交流和合作,促进优质资源共建共享,提高本市老年教育声乐课程专业的培养质量和办学水平。现核心组成员共有 15 名,设组长 1 名、副组长 2 名,组员均来自常州市五区一县级市老年教育学校专业教师队伍。

(三)加强交流合作,共同提高质量

1.推动社区教育融合发展,实现教师互融互通

以声乐戏曲系的课程改革为立足点,辐射、引领社区教育,搭建终身学习平台,充分发挥我系课程资源等优势,进而促进和完善社区教育的发展。近几年来,系部骨干教师分批参与全国社区教育管理者研修班培训、江苏省社区老年教育管理干部培训及常州市社区老

年教育管理干部培训,并积极参与组织的相关活动比赛。系部青年教师参加市社区教育教师技能大赛获得二等奖。系部与荷花池街道社区党建联盟,每年组织志愿者进社区志愿服务、送歌送戏送课程到社区等。

2.建立合唱工作室,推动合唱专业发展

为深化老年教育课程改革,加快完善教师队伍建设机制,充分发挥学校老年教育专家的示范、引领、指导和辐射作用,搭建专兼职教师专业合作平台,提升老年教育专业建设水平和老年教育教学水平,打造一支水平高、成果丰、有区域影响的专家型教师团队,结合学校师资队伍建设实际,成立三类专家工作室,分别是老年教育名师工作室、骨干教师特色工作室和优秀教师工作室。我系部成立合唱工作室,近年来在各级各类合唱舞台上崭露头角。2023 年,成立了首支专业的合唱师资团队,共四人,以一位合唱指挥专业的老师为领衔人,三位有一定合唱排练经验的声乐老师为骨干成员。设置了混声合唱、女声合唱、重唱与小合唱专业,多元化地进行合唱训练,推动合唱专业发展。

作者简介:徐晨钰,讲师,常州老年大学声乐戏曲系主任。

第五章　教学规范化

老年大学教学管理规范化研究与实践

薛二伟　朱　军　李秉璋

我国老年教育自 1983 年成立第一所老年大学以来,走过了 40 余年的创业、发展历程,取得了举世瞩目的发展成就。据有关部门统计,我国现有老年大学 7 万余所,在校学员 800 多万人,办学规模 1 万人次以上的老年大学有 18 所,此外还有数千万老年人通过社区教育、远程教育等多种形式参与学习。

2006 年底,中国老年大学协会学术委员会成立"中国特色老年大学规范化建设研究"课题组,并于 2007 年 4 月在广州召开"中国特色老年大学规范化建设研究"课题组会议,提交了《中国特色老年大学规范化建设研究报告》。研究报告对"中国特色老年大学规范化建设"做了界定,提出了中国特色老年大学规范化建设的四个原则与理念,阐明了老年大学规范化建设的项目构成,提出了九个方面的具体要求,制定了省、地两个级别,发达、尚发达、欠发达三类地区共六种老年大学规范化建设评价标准,论证了"中国特色老年大学规范化建设创建工程"的要义,提出了实施办法等。

广州会议已经过去十几年,我国的老年大学有了长足的发展。略感遗憾的是,这个长足的发展更多地体现在规模、硬件建设方面,在老年大学教学管理等软件建设——教学管理科学化、规范化、制度化(以下简称"三化")方面没有引起足够的重视,因此也没有实质性的改变和提升。

如果说通过 40 余年的发展,已经进入不惑之年的我国老年教育基本解决了从无到有、从小到大的问题,那么进入新时代,老年教育应该解决从有到好的问题。其中"好"的一个内涵就是在继续做大老年教育的同时,要做"强"老年教育。笔者认为"强"的内涵之一,就是重视规范化老年教学管理,改革当前教学管理中的种种不足和弊端,使老年教育更科学、可持续发展。

一、老年教学管理的地位和内容

教育部高教司颁发的《高等学校教学管理要点》中明确指出,教学工作是高等学校经常性的中心工作,教学管理在高等学校管理中占有重要的地位。学校教学管理是对教学工作进行计划、组织、指挥、协调和控制的活动,是根据学校的教学目的和教育发展规律,有意识地调节教学管理系统内外的各种关系和资源,以便达到既定教学系统目的的过程。

老年大学承担着终身教育、老年教育的任务,因此老年教学管理也具有普通全日制学校一样的属性和内涵。老年大学教学管理同样是学校的中心工作。因此,必须以符合老年教育教学规律的理论、方法指导老年教学管理工作,研究、分析、解决教学管理中出现的问题,制定相应的老年教学管理制度、程序和方法,使得老年教学有序、和谐、高效开展,以完成既定的教学目标和教学任务。

老年教学管理的日常工作一般包括以下几方面。

(1)教学计划管理:制订老年大学教学工作计划,明确教学工作目标。

（2）教学运行管理：建立和健全老年大学教学运行体系，明确职责，学校各部门及人员各司其职，按照教学工作计划开展各项教学活动。

（3）教学质量保障管理：制订并执行各项教学管理制度、规定，以保证学校教学工作有计划、有步骤、有条不紊地开展。建立老年教学评价与反馈体系，加强对教学过程和教学质量的监控，及时发现教学现状与目标的差距，并及时反馈，形成良性教学过程。

（4）教学研究与教学改革管理：针对老年大学的实际，教学管理还应包括老年教育教学改革研究，促进老年教育教学工作持续改进和提高。

二、老年教学管理的主要问题

从全国层面来看，我国老年教育面临的主要问题是旺盛的老年教育需求与相对短缺的老年教育资源的矛盾。对于经济发达地区的老年教育面临的主要问题，固然也有需求旺盛、供给不足的矛盾，但笔者认为更为迫切需要解决的是对老年大学教学管理现状进行深入分析，开展老年教学管理科学化、规范化、制度化研究，促进老年教学管理效能和管理水平有效提高，从而提供高质量的老年教育教学。

通过近几年的走访调研交流，参加各层级的研讨会，以及自身发展暴露的问题，笔者认为在老年大学教学管理中存在如下一些问题。

（一）组织机构不健全，教学管理不规范、不到位

限于老年教育机构的人员、编制的现实，不少老年大学教务处大包大揽，将90％的教学管理工作集中在教务处，而系部仅承担具体的

教学任务。从而造成处、系两级职责不清、管理错位。教务处陷于日常烦琐的教学事务处理中，无力思考学校发展、专业建设等重大问题。而应该承担教学管理、开展教学研究的基层教学组织——系部形同虚设，系部的日常工作只剩下上课。

（二）教学管理制度建设严重滞后

从调研和自身的情况看，由于对老年教学"三化"管理缺乏正确的认识，或认识到了，但没有力量研究老年教育教学，更不具备以老年教育教学理论为指导去研究、分析、解决老年教学管理中出现的问题，运用科学的管理方法管理老年大学的教学活动的能力，因此老年大学教学管理制度建设严重滞后，没有适合老年教学管理特殊性的一整套制度。

（三）专业、课程建设不规范

在老年大学初创期，限于时代、经费、人员、场地等条件限制，专业无从谈起，课程设置基本按需开设。应需设课、因师设课、课随人走现象较普遍。时至今日，这种现象虽有改善，但对专业建设缺乏统一规划、课程建设缺乏统一标准、相同课程内容大相径庭、教学资源建设较为随意的现象还普遍存在。再加上老年大学教师多为兼职，约束少、集中难，这就先天性地影响了老年大学专业、课程建设的科学性、规范性。

（四）没有建立教学监控保障体系

由于对老年教育的不正确认识，老年大学普遍没有建立教学管理中必不可少的教学监控、反馈制度，更没有符合老年教育规律、特点的评价体系、奖惩制度。对基层教学组织的教学活动的运行过程、教学状况,基本处于放任状态。强化老年教学过程管理,提高老年教学质量也就无从谈起。

三、老年大学教学管理"三化"的重要意义

上述问题在笔者所在常州老年大学同样存在。这是在时代发展中出现的问题,需要老年教育教学工作者顺应时代发展要求,分析、研究这些问题,提高解决问题重要性的认识,大胆改革创新。

改革艰难,理论先行。通过学习习近平新时代中国特色社会主义思想,学习国家、地方相关文件精神,学习《老年教育发展规划(2016—2020 年)》,学校形成改革共识。

(一)教学管理"三化"是学校的基础性工作

所谓教学管理科学化就是遵循教育的基本规律,以教学管理基本原则为指导,运用现代科学方法建立起完整的教学管理系统,实现对教学管理过程动态的有效管理。所谓教学管理规范化,就是一切按标准、按客观规律办教育,不打折扣、不走捷径。所谓制度化就是制定符合教育教学规律,切实可行、行之有效的系列规章制度,并严格执行,达到以"法"治教、以"法"治学。老年大学具备了学校教育的所有属性和内涵,因此老年教学管理也必须科学化、规范化、制度化。"三化"是维持学校正常教学秩序,完成教育教学任务的基础性工作,涉及教学工作的方方面面。只有依靠一系列切实可行的规章制度以及现代科学方法使管理系统高效、有序、规范、科学地运行,才能确保学校教学的各项工作有条不紊地顺利开展。

(二)教学管理"三化"是实现高效管理的重要途径

从管理学角度来看,教学管理过程的基本矛盾是管理资源的有限性和提高管理效益之间的矛盾。而学校教学管理规范化、科学化的根本目的就是最大限度地发挥教师、学生、教学管理人员的积极性和能动性,充分利用现有教学资源,使学校有限的人力、财力、物力等资源达到最佳配置,发挥最大效能,缓解老年大学入学难的矛盾,优化教学活动。

(三)教学管理"三化"是提高教学队伍素质的必然要求

教学管理规范化、科学化需要教学管理者、教学工作者不仅精通业务知识、了解教育教学规律,而且要熟练掌握现代管理方法与手段。促进教学管理人员不断学习教育教学理论以及现代管理知识与方法,自觉遵循教育教学管理内部的基本规律。促进管理者增强"三化"的管理意识,积极主动采用现代科学手段、运用现代科学方法去分析、解决实际问题,以达到科学高效的管理目的。从而不仅使教学管理队伍的整体素质得以普遍提高,也推进学校教学管理水平迈上新的台阶。为此,教学管理"三化"是提高教学队伍整体素质和管理水平的必然要求。

(四)教学管理"三化"是教学管理工作发展的必然趋势

进入 21 世纪以来,我国老龄人口快速增长,老龄化社会程度加剧。作为老年教育主体的老年大学必须应对新时代老年人对老年教育的更高、更新的需求。老年大学教务管理部门对各种教学数据的处理、分析、预测工作越来越繁重、复杂。传统的管理方式已不能适应老年教育发展的需要,唯有应用计算机、网络等现代化技术手段。因此老年大学教学管理顺应时代的发展,建立网络化的计算机教学管理系统,实现教学管理的现代化,是高等学校教学管理工作发展的必然趋势。

近年来,学校各级领导、全体教师积极投入学校教学管理规范化探索、研究中,申报了校、市级教学管理研究课题,先后在国家级期刊、老年协会年会上发表了研究性论文。例如常务副校长王亮伟的《老年大学:从"规范化"到"标准化"》论文在第12届全国老年教育理论研讨会上发表并获一等奖,薛二伟、李秉璋的《改革创新老年大学的教学课程》在第十三次全国老年教育理论研讨会发表,李金祥的《老年大学教学管理规范化的探索与实践》在《老年教育》期刊上发表。这为学校三年教学管理规范化建设的改革创新打下了理论基础。

四、三年的研究和实践

有了改革的理论支撑,全校上下统一了对教学改革的认识,从2017年开始,进入了改革历程。

(一)2017年的"基础能力建设年",规范了学校教学管理机构和功能

大学章程之于大学,如同宪法之于国家。2017年学校制定的常州老年大学章程,是学校一切规章制度的"宪法"。在此基础上建立健全的学校主要管理机构,规范了各业务处室、系部的管理职能,形成处、系部两级管理的模式。特别是,强化教务处的宏观管理、决策、指导、研究功能,弱化日常教学业务处理功能;强化系部作为基层教

学组织的教学管理功能,从而彻底改变原先教务处事无巨细,一竿子到底统管全校全部教学管理工作,系部只教书、不承担教学管理职能的现象。

改革后的教务处形成了"3科2室1领导"的业务结构(见图1)。教务处下设5个业务科室。

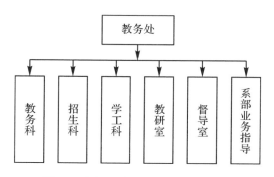

图1 常州老年大学教务处机构

教务处的主要职能是宏观管理、指导教学管理、处理日常教学工作,制定有关规章制度、规范,组织制定、审批系部各类教学管理文件。

招生科负责制订学校招生工作发展规划,组织各系部制订学期招生计划、招生宣传、收费等工作。

教研室的职能是开展老年教育教学研究,专业建设方案规划、调整,组织各级各类教科研课题的申报、评审,负责校刊发行,组织校级教学(学术)委员会工作,以及全校师资队伍建设工作相关工作。

督导室根据教务处安排,开展教学质量的督查监控,定期召开各层次教学信息反馈会,听取并研究教学现状,协调、处理全局性的教学过程中的问题。

学工科负责学校的社团、志愿者工作,组织开展各类大型活动。

各系部则在教务处的指导下,承担基层教学组织的教学管理功能。主要包括:建设专业、课程体系;课程标准制定;课程资源开发、各学期教学计划制订；组织招生和日常教学；教学质量的二级监控；开展系级教科研和师资队伍的培训、定期组织专业学术会议；学期/学年教学工作总结；等等。

(二)2018 年的"课程建设改革年"，建立了 7 个专业课程体系

目前全国的老年大学均属于开放型学校，在专业、学制、课程设置、教学标准等方面都和全日制学校有很大的不同，随意性较大、不可控，也不易评价。不少老年大学课程设置是"按师设课"——有什么类的师资，就开设什么课程，课程内容往往是"课随师变"——同一门课程不同教师授课，教学内容可能完全不同。这一做法在老年大学初创期是一种无奈。但是，已经过了而立之年的老年大学不能继续停留在这一层次，应以通过老年教育达到老年人完善自我、提高自我作为老年教育的价值取向、宗旨和培养目标，并以此来规范老年教育的专业、课程设置与建设。因此老年大学必须加强和规范专业的顶层设计，在广泛调研的基础上，科学论证、系统规划专业之下的课程框架体系。因此常州老年大学将 2018 年定为"课程建设改革年"。学校 7 个专业系部对兄弟城市老年教育机构进行调研、考察，了解和学习他们在专业建设方面的经验和成绩。同时聘请高校、教研教育机构的老教授、老专家、老学者、非遗传承人、社会名人担任各系部专业课程建设指导委员会委员，请他们对专业、课程框架体系把脉，提出意见建议。这些专家从专业视角建议：如何遵循老年教育的特点和规律，做好专业、学制、课程的顶层设计；如何结合社会需求、时代发展科学合理设置、调整专业；针对不同年龄段的学员的不同需求，在课程设置中体现科学性、实用性、前瞻性。专家的建设性、前瞻性的意见和建议，大大拓展了常州老年大学教师的视野，对各系部制订

专业课程体系起到了引领作用。在此基础上,7 个专业系部确立了建立专业课程的 28 字原则:"承先启后,滚动发展;适应需求,灵活多样;相对稳定,模块组合;自主选择,学分管理。"经过反复讨论、修订,并经校级会议审定,2018 年 5 月常州老年大学建立了规范化的、适应社会发展以及实际需求的 7 个专业课程体系,成为专业课程建设的纲领性文件。在此基础上,2019 年上半年,常州老年大学汇编了课程体系中的 100 余门课程的大纲。课程大纲规定了课程性质、课程目标、教学内容和基本要求、教学手段和方法等内容,成为课程教学活动标准,同时成为检查评估教师教学质量的依据,从而彻底改变随意设课、随意授课、课随师变、无从评价等现象。

(三)2019 年的"质量管理效益年",建立并规范了教学质量监控与保障系统

教学工作是学校的中心工作,教学质量关系着学校的声誉、生存与发展,是老年教育的生命线。因此,常州老年大学将 2019 年定为"质量管理效益年"。

笔者认为,建立并规范教学质量监控与保障体系,其中"监控"是手段——通过监控及时了解教学过程和效果。"保障"才是目的——及时将教学现状反馈至基层教学组织,及时解决各类问题,保证教学管理依法、有序、正常进行,从而形成一个良性发展的闭环系统。常州老年大学的教学质量监控与保障系统由教学过程监控体系、教学信息反馈体系、教学质量评价体系、约束与激励机制组成。

1.教学过程监控体系

教学督导已成为各高校教学质量保障体系的重要组成部分,它在规范教学管理、培养青年教师、提高教学质量等方面发挥了重要作

用。常州老年大学于 2017 年在教务处设立教学督导室，负责全校的教学督查保障工作。成员由督导室工作人员、各系部资深教师等组成，形成了校系两级、督评分离的教学督导体系。督导员通过随堂听课、阶段性教学检查、班长学委学期座谈、期末学员评教、班级日志等多种途径获取、收集教学过程的信息，督查教学各个环节的秩序和质量，并对这些监控信息及时整理、分类、研判。

2. 教学信息反馈体系

教学督导提供的信息既是教学管理部门了解掌握教学工作情况、对教学管理和教学质量实施有效控制的重要依据，也是教师发现问题、改进工作的重要依据。建立督导信息反馈机制、处理反馈督导信息、指导改进工作，是教学督导取得实效的重要途径。为此，学校通过督导听课记录、课后交流沟通、定期的学员座谈会、不定期的校长学生活动日多种渠道，将教学督导相关信息及时反馈给教务处、系部和相关教师。系部和教师通过教学信息反馈，认真改进和规范教学工作，提高教学效果和质量，促进教学工作的规范化。

3. 教学质量评估体系

教学质量评估的目的在于提高教学质量，通过评估为教学主客体的自我反馈调控提供直接的依据，为决策咨询提供真实可靠的信息，增强教学过程的有效性和针对性。常州老年大学为了适应老年教育快速发展的形势，以"以评促改，以评促建，以评促管，评建结合，重在建设"为原则，建立了科学、合理、规范且符合老年教育特点的老年教学质量评估体系，包括专兼职教师行为规范、教学常规制度、课堂教学质量评价细则、系部教科研管理细则、教学事故认定及处理规定等。通过这些必要的制度，形成科学、规范、合理的教师教学质量评价标准。

老年钢琴教学中联觉的有效应用

高燕婷

一

樊禾心在《钢琴教学论》中说道：在钢琴教学中，成人钢琴教学由于它教学的对象和目的的特殊性，所以不能从一般的钢琴教学规律上去把握它的主要脉络。根据不同的教学对象和教学目的，成人钢琴教学是满足个人爱好或促进全面发展和人格完善的非职业教育。

确实如此，老年人学习钢琴纯属业余爱好，目的就是充实退休生活，通过自己的实践更多地理解音乐和享受音乐。老年人学习钢琴不能像儿童慢步骤，也不可能学习技术性太强的乐曲，但在音乐理解方面，他们经过岁月的洗礼，希望得到更丰富的营养。

钢琴演奏是人类高级的运动，是一种感觉和精神上的极度享受，其中最主要的是触觉、听觉和视觉的参与，也就是"联觉"。"联觉"现象是人的某一种感官被激发后所引发的其他的感官的感受。作为一种心理活动，这种现象因人而异，有些人的联觉现象特别明显，而有些人却对联觉总找不到感觉。联觉能力与人的创造能力有关。中外艺术史上无数事实证明,许多著名的艺术家都具备联觉能力。艺术演奏中,演奏者运用联觉、加上对作品的理解及情感投入,能够极大地增强音乐的感染力及表现力。在演奏过程中如何使各种感觉系统化地协同就是我们本次研究的重点。

二

中央音乐学院副院长、博士生导师周海宏教授在《走进音乐的世界》一书中写道:"音乐是可以懂的,通过联觉这一人类基本感觉反应,人们可以感受到音乐。对于听者来说,敏感的联觉和丰富的想象是理解音乐的前提。"

那么何谓联觉?钱锺书在其《通感》中有这样的描述:"视觉、听觉、触觉、嗅觉、味觉往往可以彼此打通或交通,眼、耳、舌、身各个官能的领域可以不分界限。"人体具有视觉、听觉、嗅觉、味觉和触觉等五个基本感觉,而联觉是一种特有的心理现象,即对一种感觉器官的刺激引起其他感觉器官感觉的心理活动,联合成较为完整的知觉,这就是联觉。

音乐是听觉艺术。音乐艺术的感情内涵需要通过听觉去感受,它同人的生理、心理密切相关。音乐这一客体与人的主体之间是个不等式。人在听觉器官感受声音的同时,会产生情绪、视觉、联想、触觉等多方面的通感和联觉。"联觉"思维方式便是让学生在欣赏和演奏活动中,注重训练形象思维,围绕音乐作品有效、合理地调动听觉、视觉、动觉、触觉等一切感知觉手段,投入情感,充分发挥联想和想象力,运用联觉,多层次、多侧面地深入感受音乐的艺术内涵。既帮助学生掌握钢琴技能、音乐的基本理论,又激发学生的真实情感,培养其想象力。下面,笔者从几个方面来论述如何将"联觉"有效应用到老年钢琴教学中去。

三

视觉为物体的影像刺激视网膜所产生的感觉,也就是人们所看见的景象,如明亮、模糊、黯淡等;触觉是接触、滑动、压觉等机械刺激的总称,如饱满、平滑、温暖、尖锐、柔和、厚重、轻盈、结实等。在演奏中,这两组感觉都能通过听觉转换而获得。

(一)"视""触"协同,音色体验得其形

1.明亮

明亮是一种视觉感受,指光线充足,发亮或发光。在钢琴作品的演奏中,明亮常用来形容一种音色,或表现一些辉煌的画面以及振奋的情绪等。

这里需要的音色可以用"明亮"来形容,要求演奏效果在音质上清晰,富有光彩,在音量上强而富有穿透力,以此造成一种光明、响亮、具有震撼力的声音。音色

控制要点:掌关节需牢固支撑,指关节牢固而有弹性。

2.温暖

温暖在《汉语大词典》中的解释为暖和,形容天气不冷不热。旋律中"温暖"的音色能直达心灵,给人以温情的慰藉。

歌唱性的主旋律在中音区悠然进入,柔和的音色具有包围感,造成了一种平和安详的情绪,慰藉人心。音色控制要点:贴键演奏并控制触键速度,避免敲击,

音之间注意力量的传递,具有歌唱性特点;主旋律声部触键要深、均匀;伴奏声部控制触键深度,音量需弱。

在钢琴弹奏中,即便是同样一个动作,由于动作的用力感受不一样,所奏出来的声音效果就不一样。例如,弹奏一串上行的音阶,虽然我们都知道采用单音的弹奏技术,但由于音乐形象或音乐情感的表达各异,触键动作的感受就不同。当要表现铿锵有力的音乐效果时,手的触键感觉必然会产生张力密度大、挥动动作敏捷、速度快、指端触键结实、稳健等动作的内在感受。当要表现轻松愉快的效果时,手的触键感觉必然会产生张力密度较小、挥动的幅度相对小、速度快、指端触键敏捷、声音轻巧等动作用力的内在感受。

(二)"唱""奏"联动,吟唱感悟感其意

钢琴是键盘打击乐器,其构造是弦槌通过杠杆的联动作用,敲击琴弦发音,其致命缺点就是无法真正延续一个音。任何音在发声后只能较快地衰变,直到消失,无法长久保持,更不能加强。因此,在钢琴上奏出绝对的物理意义上的"连贯线条"是不可能的。另外,部分学生自然形成的手指在键盘的敲击的意识,也严重影响旋律连贯线条的表现。因此,钢琴演奏歌唱性旋律,就成了钢琴演奏技术中的难题之一。让手指在键盘上演奏出"歌唱性"旋律,是钢琴教学中重要

的问题,而声乐的歌唱性的联觉便在钢琴教学中有了一定的价值体现。

1. 由表及里,感受"歌唱性"线条

要奏出相对的心理意义上的"歌唱性"线条来,可借助声乐歌唱意识,在内心建立连贯线条与流动的概念。从歌唱的气息支撑与输送,腔体的打开配合,口腔咬字呈元音与元音之间的连贯,不因辅音的加入而断开的技术,到钢琴连音弹奏法——手掌支撑与臂膀自然松弛地向指尖送力,手指关节承受重量并成为发力点,尽可能减小手指弹奏交替的幅度与时间,触键的瞬间是缓冲的,从而改变小槌击弦状态,弹奏出旋律的"线条"来。其次要借助歌唱此旋律的音乐形象,让弹奏向歌唱靠拢,例如汤普森《音乐台阶》一曲。

演奏这首作品首先要学会将旋律从心底悠然自得地唱出来,并努力通过指尖控制键盘,手指尽量贴键,力量从一个指尖转移到另一个指尖,用这样的方法

使旋律线条从指尖下"流"出来。借助歌唱的意识,右手旋律的演奏自然用手臂力量经手腕慢下放,送往指端部正面的"肉垫"深且慢地触键,如同深情地歌唱一般。靠着歌声,手腕带着手指贴着键面从一个指头自然地、不留缝隙地移到另一个指头,并随着旋律线的起伏流向控制好触键的速度与力量,如同歌唱的声音随情绪的起伏而变化。因此,用手指高抬在键盘敲打、手臂前推或手腕纵向下压奏是弹不出连线的,这犹如一字一句地念歌而不是唱歌。

2. 由内而外,表现"如歌般"音乐

在多年的教学与研究过程中,笔者发现大多数钢琴弹奏者——特别是初学者——只是满足于对音符熟练弹奏乐曲,而很少虑及对旋律的处理。须知,旋律才是一首乐曲的灵魂所在。旋律对于构筑音乐的整体形象发挥着毋庸置疑的主导作用。如果仅仅满足于对一首乐曲音符的熟悉,而不去细心体会乐曲本身所蕴含的丰富情感、忽略对旋律的处理,那么,演奏者所表现出来的音乐形象就会是苍白无力的。若想要演奏打动人心,令听者如痴如醉,演奏者必须形成良好的歌唱性思维。

要想如歌般地演奏,首要的就是在弹奏方法上下功夫。在演奏过程中,歌唱性依赖于各种音乐符号的提示,如各种节奏型、表情术语、跳音、连音、保持音等等,尤其需要注意连音(legato)和柔音(dolce),连同连线(link)一起运用,意思就是明白无误地要求做到流畅地、如歌地、优美地演奏。这些都为演奏者提出了较高的演奏要求,它要求演奏者不仅仅是让手指孤立地、机械地高抬然后敲击键盘,也不是在后一个音落下去之际才抬起弹奏前一个音的手指这样表面上的连奏,而是要求注入情感、语气和不能用数字来计算的自然流露的起伏变化,要像说话一样,有高低起伏,有抑扬顿挫。音乐里的连线就像说话时的呼吸,不论长短,每个连线的结尾处就是呼吸口,此时就特别需要演奏者提手腕带动手指离开琴键,以便与下一句有个清晰的分离。这就像唱歌一样,唱完一句歌词之后要呼吸一下,而不至于让听者有憋气的感觉。所以,要让老年学员学会一边演奏一边歌唱,必能大大加强节奏的韵律感,让优美的旋律贯穿始终,有利于增强作品的统一性和感染力,提高演奏质量。

（三）"视""听""触"互动，融会贯通会其神

钢琴演奏是感觉综合作用的过程，包括视觉、触觉、听觉等外在感觉。作为老年初学者，在开始的时候，应尽量多做五指高抬练习。在做这种练习的同时，做连线（落滚）的练习，这样，既能得到手指的练习，又能得到手指、手腕、小臂的放松，否则，单独练习手指会导致手指僵硬。因为人的肢体是有机连在一起的，所谓牵一发而动全身，更何况是手指抑或小臂。因此，不能把它们区别开来谈，更不能孤立起来练，而是应该做学会什么时候用手指，什么时候用手腕，什么时候用小臂，做到适度的突出、局部的突出，而整体上仍然是均衡的、协调的。所以，要使钢琴弹奏达到整个动作的协调，应该用最小的动作、最小的力量，取得最大的效果，不要有多余的动作。多余的动作会浪费力量，而且还显得做作，更会破坏整体的协调与连贯。

最重要的是，要让老年学员自觉地完成视觉、听觉、触觉系统之间的协同合作。所以，钢琴教师要尽量启发学生的音乐想象力，以最大限度调动学生各个感官的协同积极性，进而完成对音乐的理解和表达。在教学的实际操作中，首先引导学生在用视觉来捕捉谱面信息的基础上，再根据作品标题、节拍特点、旋律音型特点、音乐术语等等发挥想象，这样学生的大脑中就会浮现出各种景象，这种景象会在潜意识中感染演奏者的情绪，触觉器官就会自发地配合情感进行演奏和监控，学生弹出的音乐会更加富有表现力。在特定想象的情景下，演奏者会在不知不觉中完成听觉、触觉、视觉各个器官的协调合作。

实际在演奏中，还会涉及其他类型的联觉以及由某种音色引起的多种不同的复合联觉。由于篇幅限制，就不予一一举例论述。

在钢琴演奏感官系统的协调培养中，演奏者的听觉、触觉、视觉系统内部及三个系统之间经历了无数次反复的训练、磨合，自然形成条件反射，建立起三个系统协同互动的生理、心理机制。所以，钢琴教学的任务，归根到底，就是建立起学生视觉、触觉、听觉协调统一的演奏机制。

在钢琴教学过程中，音乐教师的主导作用的重要体现就是在其教学过程中对学生的潜移默化。教学目的是要培养可以得心应手地通过用钢琴这一载体，表达音乐感情和内容，进而打动和感染欣赏者的艺术家而非技巧高超的"钢琴匠"。这点几乎所有的学者、专家和音乐教师都已达成共识，但是在实际教学过程中仍存在很多问题。例如过分强调机械训练法：每小节、每个音符的处理，有时候甚至何时应伴随肢体动作都要一一规范。这种"填鸭式"的刻板教学必然会使学生机械照搬，从而忽视对音乐的内心感受和理解，久而久之，必然会阻碍学生对音乐感情上的认识与对音乐完美世界的追求，进而影响学生一生的音乐道路。著名钢琴教育家涅高兹曾提到他的老师戈多夫斯基："戈多夫斯基在上课时不是教钢琴弹奏法，而首先是教音乐；一个真正的艺术家、音乐家、钢琴家，只要他一成为教师，必然是这样的教师。"因此，音乐教师的成就在于培养了多少热爱音乐、能被音乐所感动、献身音乐并用音乐感动他人的音乐家，而非塑造出了多少"钢琴匠"。

音乐是一种声音的艺术，也是一门听觉艺术。钢琴音乐的特征是音响，它的感受主要依赖于听觉，而人们头脑中显现的音乐基本上是听觉意象。在钢琴演奏中，演奏者是以抓住听觉与其他各种感觉间某些类似之处，以情感为中介，通过"联觉"使其彼此沟通起来，形成审美通感，以技巧和内心的情感体验，以富有生命力的声音动态来准确、完美地展现音乐的思想内涵,同时唤起听众情感的联想。"感人心者,莫先乎情"。演奏者只有内心充满情感才能感动听众。联觉音色的形成,必须根据乐曲的艺术风格和情感要求,让各种技巧的运用服从于音乐的需要,同时运用技巧来抒发情感,实现情感与技巧在更高的审美层次上统一,从而达到如诗、如画、如歌的联觉表现天地。

刊登情况:刊登于常州老年大学学报《大观》2018 年 12 月,创刊号。

老年大学校园文化中的教学功能

魏　平

在老年大学办学过程中,往往存在过于单纯的教学管理行为,忽视老年大学校园文化建设,特别是忽视校园文化中的教学功能及其应用。为切实解决上述问题,本文以常州老年大学为例,做如下阐述。

一、老年大学校园文化与老年教学活动的关系

校园文化与教学活动是两个不同的概念,但又存在相互关联、相互依存和相互促进的关系。

(一)教学活动为中心,校园文化为重点,两者目标一致,是互为内容、互为手段的关系

学校以教学工作为中心,老年大学也不例外。教学不仅是传授知识、培养技能的过程,它的本质是由教师有目的、有计划地组织学员进行有效的学习活动的实践过程。一节课,老师讲得精彩、学员回答得漂亮,还不足以说就是好的教学活动。最好的教学和最有效的

学习活动,是学员不仅学知识和技能,而且要继续学习如何做人,如何面对未来老年生活。

校园文化建设的任务,是促进师生员工科学文化素质和思想道德素质的不断提升,塑造良好的道德情操,通过文化活动创建一种生机勃勃、积极向上的文化氛围。其宗旨是着眼于培养人格,提高老年人生命价值。

因此,在生命价值和生活质量面前,老年学员同样面临成长性的需求。老年大学校园文化和教学活动的目标,本质上是一致的。不仅如此,教学活动是校园文化的重要内容,校园文化要靠教学活动作为手段来传扬。同样,校园文化是教学活动的内容,教学活动要靠校园文化作为手段来推动。

(二)教学活动为直接性教育,校园文化为间接性教育,两者为互补性的关系

教学活动是外显的,课堂是"有形教学",这是不言而喻的。校园文化的教育作用是间接的、潜在的,既不是生硬灌输,也不是通过纪律来强制推行的,而是在潜移默化中感染人的感情、陶冶人的情操、净化人的心灵。这种潜在性从某种意义上来说,就是一种暗示,用含蓄、间接的方法对学员的心理状态和行为产生影响。在这种情况下,学员是在较为自在、愉快的状态下接受教育的。与"有形教学"相比,校园文化及其营造的教育氛围更像人们所说的"无形课堂"。无论素质教育,还是专业培养,"有形课堂"与"无形课堂"同等重要。这种重要,主要体现在"互补性"关系上,两者缺一不可。

（三）教学活动通过知识和技能传授达到素质提高，校园文化通过熏陶和感化达到精神提升，两者为互相促进的关系

老年学员的成长性过程，不是凭单一的教育手段完成的，必须通过多种途径、调动各种力量、运用各种手段进行全方位的教育才能实现目标。在校园里，教学活动无疑是学校工作中最重要的组成部分，但在诸多因素中，校园文化的影响有着不可低估的重要作用。与教学活动相比，校园文化具有更广阔的空间和丰富的内容，尤其是它的教育功能是课堂教学无法替代的。因此，校园文化建设与教学改革具有同等重要的地位，两者相辅相成、互为促进，以实现老年教育的共同目标。

二、校园文化中的教学功能及其应用

（一）认识提升功能

研究表明，老年学员对自然社会及其人生的认识，是在不断地模仿，进而比较、分析和判断的过程中形成的，一定的文化氛围正是他们模仿的"蓝本"。与此同时，校园文化自身渗透着优秀的民族文化和丰富的科学知识，学员在健康向上、丰富多彩的校园文化中，通过不同思维的不断碰撞，在寻找个人与集体、社会，个人与家庭的结合坐标中，不断整合自己的思想与价值体系，从而逐步深入地认识社会、认识人生，并获取许多课堂上得不到的知识与技能。

文化品格的生命力源于内部、起于本土。常州老年大学旧址是明代起始的"三吴第一楼"的"大观楼"，是常州府治之门。学校周边至今还存有"大观路"。为什么起名大观楼？大观者，宏伟壮观，所谓

洋洋大观也。《易经》云："大观在上,顺而巽,中正以观天下。"治政者无不"以观天下"。2016 年,学校以"大观"命名学校举办的文化讲堂,称为"大观讲堂",凡学校重点开设的校本课程都放到该讲堂进行试讲并逐步推出,其目的就是帮助广大学员树立高瞻远瞩、"以观天下"的博大胸怀,培养孜孜以求、勇于进取的学习精神。每学期,学校制订"大观讲堂"讲课计划,精心打造讲堂的品级,使之成为具有影响力的文化品牌,引领学校的文化高品位和新风尚。

学校根据本地学员的兴趣及需要,结合当地历史、文化、传统、习俗,充分利用学校和社会的各项资源自主开发和实施课程。2018 年下半年,引进江苏理工学院 14 位教授、博士共同开设一门课程——"地方历史文化名人",具有浓郁的地方特色,深受老年学员的喜爱。从学校层面到各系部,结合本地历史遗存、名人大家、地方文化、民俗习俗、饮食文化等,开发了一批具有本地鲜明特色,深受老年学员欢迎的校本课程。其中具有代表性的课程有"常州文脉""历史文化名城""常州旅游与文化""街头巷尾""常州民间的苏东坡"等;还开设"刘国钧,常州的骄傲"等课程,介绍本地的近现代杰出的爱国实业家的奋斗史。居亦琴老师、吴小童老师是非物质文化遗产——锡剧的传承人,开设的"锡剧形体"课程将"锡剧"的说唱舞蹈艺术带进老年大学课堂;已故的方兆兴老师是常州非物质文化遗产——常州大麻糕的传承人、中式面点国家级评委,生前开设的"家用点心小吃",传授包括常州大麻糕在内的特色面点的制作;蔡瑞龙老师将地方剪纸艺术编写成校本教材《剪纸》,获江苏省老年教育教材一等奖;等等。

（二）目标导向功能

校园文化蕴含着较深层次的价值体系。这一体系是在长期的教学、科研与管理实践中凝结而成的。它为学员提供了行为的参照系，潜移默化地指导其正确认识和处理个人与集体的关系，把个人行为引导到集体目标上来，因而深刻影响着学员的思想品德、行为规范和生活方式，具有水滴石穿的力量。导向的成功与否，是校园文化发挥了积极的正面效应还是产生了消极的负面效应的重要标志。可以说，校园文化在一定程度上为学员明确了目标导向。

学校管理者认为，能够让学员记住并传承的学校历史上已被"固化的东西"，那一定是学校优秀文化的积淀。这种文化积淀，首先是学校精神，它由办学指导思想、办学宗旨、办学理念、校训校风等学校文化的精神要素构成。而这些要素，最能形成目标导向。学校校长在回顾学校历史时做了概括：每一次创业阶段都保持着薪火相继、血脉相连的"承先启后"的历史渊源；每一段发展历史都凝结着老年大学"以老为本"、服务老年朋友的办学理念；每一个新的跨越都散发着"自强不息、追求卓越"的奋斗精神；每一项专业课程实践内容，都秉承"老有所为"的生命价值。在 2016 年校庆期间，学校对学校精神的形成和实践过程做了梳理总结，并利用各种渠道和多种形式做了广泛推介，起到了目标导向的推动作用。

为了更好地培育学校精神，学校在 2017 年下半年创作了"校园组歌"，其主题采用了校训"我们永远年轻"，并由序曲和六个篇章组成。这是由学校独立创作的、讴歌老年大学历史和现实生活的、宣传学校精神的、具有地方和学校文化元素的系列声乐作品。2018 年元旦，学校举行新年音乐会，首次将"校园组歌"搬上舞台，宣传推广学校精神,让广大教师和学员受到了一次生动形象的办学目标和培养目标的教育。

(三)集体凝聚功能

集体凝聚功能是指学校的文化氛围特别是良好的校风能激发学员对学校目标、准则的认同感和作为学校一员的使命感、自豪感、归属感,形成强大的向心力。它对于广大学员来说,具有很大的同化力、促进力和约束力,能使每个学员都在和谐、融洽的人际关系中,最大限度地挖掘内在潜力。这种高凝聚力主要表现为:集体与个人的关系休戚与共,集体对个人有很强的吸引力,个人对集体有很强的认同感。

前几年,学校推出"我们永远年轻"的校训,说明了"永远年轻"的相关理由,作为推行学校主题精神的重要内容。主要有:一是一个人的善良、爱意、欢乐、幸福、明智和理解是人身上最美好的特性,它们从不会变老。信念和信仰也不会因年龄增长而衰减。因此,老年教育能使老年人保持在心灵和身体上的年轻。二是一个人退休其实是人生体验新的开始,要学习新的东西、建立新的兴趣。因此,要引导老年人向前看,主动去接受层出不穷的新知识、新技能、新技术,并感受到其生命是无止境的。三是一个人不会因年龄增长而贬值,有的人最能做出成绩和成就的是在退休之后的时间里,"大器晚成"往往成为现实。因此,学校大力宣传"这个世界需要你""这个社会需要你""这个家庭需要你",让老年人感受到生命的延伸和价值。学校精神的推行,无形中成为凝聚学员的柔软的力量。

（四）暗示激励功能

校园中凸显出来的榜样是这个特定的文化区间内涌现出来的正面典型。他们集中地反映出学员的精神风貌、价值观念、思想道德素质和生活行为方式。校园榜样真实贴近他们的生活，其激励的力量是无穷的，它既是校园精神的生动体现，又是校园文化的形象教材。充分发挥榜样的激励作用，对于弘扬正气、优化学风、推动教学三方面的积极性具有现实而深远的意义。

办学三十余载，大批优秀教师和学员是学校宝贵的精神财富，"杏坛耕耘、桃李满天"的教师是学校的精神宝藏。在教师中开展"教坛新秀""教学能手""骨干教师"和"老年教育名师"四级阶梯式的评选，在学员中开展"文明长者"和"智慧长者"的评选，对于先进典型人物和典型事迹，进行深入采访，编辑报告文学集《您好，常老大》并正式出版，在学校报纸、刊物和网页平台上推出《每周人物》，在师生员工中引发较好反响，为在校教师和学员树立起身边的榜样，让榜样更具亲近性、真实性、示范性，引领了校园健康积极的精神风貌，推动了教学工作的健康发展。

三、建设校园文化促进教学工作的关键举措

（一）坚持学校制度的创新

学校制度创新是在与旧的思维意识碰撞过程中，产生新的文化使命，并在文化使命的指引下不断前进，这是一个新时代赋予学校的价值追求。实践证明，学校教学工作的每一次进步和发展都伴随着

学校制度创新。

近两年,学校主要围绕建立并完善"两级管理"体制、岗位职责及考评、课程改革及措施等为代表的学校内部管理制度,开展系列的创新和实践工作。例如,分别制订了《教学岗位职责与条件》《加强系部建设的若干意见》《开展校级精品课程创建工作的意见》《推进"课程改革建设年"工作的若干意见》《实行学分管理办法》《教坛新秀、教学能手、骨干教师和老年教育名师评选及管理办法》等30余项规章及制度。学校在实现决策程序化、科学化的同时,根据发展需要,积极创新制度管理,将校级的和部门、系部之间各项规章细化或分解成阶段性的目标任务,便于大家了解并理解,并在实践中贯彻落实,从而形成共识。

这种民主化过程,逐步形成本校的制度文化,在教学管理中发挥了较好的作用。

(二)为学员搭建"课程选择"平台、"综合服务"平台和"才艺展示"平台,提高学员的综合素质和能力

学校分类设置专业课程体系,实行课程模块化。各专业课程由必选课、选修课和实践课程构成。其中必选课指各专业必须选学的课程,选修课指非专业或与专业相关的课程,实践课程则指学校和系部开设的第二、第三课堂及社团组织活动等。学校鼓励学员跨系部选修,学分互认。各系部必选、选修和实践课程均可供其他系部学员选修。与之配套的是,学校实行"学分银行"管理,学员毕业学分暂定为96学分,学分可以累计。其中必选课程为48学分,选修课程为42学分,实践课程为6学分。学校设立学员学分记载档案,对按规定完成学分的学员,定期颁发"常州老年大学荣誉毕业证书"。

学校为学员设立的"综合服务"平台,形成了系列组合,如在1号

楼大厅分别设立了"一站式服务区"和开放式阅览区,在 2 号楼大厅设立了老年人心理服务中心、法律咨询室和医院门诊等服务机构,相对集中地解决了老年学员入学、健康、法律、阅读、游学、休闲和购置文化用品等方面的需求。

学校为学员分类建立了"才艺展示"的平台,如为学书画、手工制作的学员建立了"常青树艺术馆",每年可对外展出 12 期;为学艺术的学员建立了演艺厅,常年提供演出场地,并配置功能完善的设备设施;为学信息技术、文史的学员建立了网上展示栏目,网上摄影展、文学专栏、微视频等琳琅满目,不一而足。

上述平台,从内容形式看,既属于校园文化,也属于教学活动,较好地满足了学员学习和提高的需求,并成为学校最权威、最热烈、最有影响力的平台。

（三）全面审视课堂教学的功能,真正改变"老年教育平庸化"的现状

认真研究课堂的功能,研究如何在课堂教学过程中培养学员的良好学习习惯,提高学员学习能力和辩证思维的水平,研究如何培养学员的学习兴趣、爱好和探索精神。努力营造宽松和谐的教学活动的民主氛围,与学员平等地进行对话和交流,研究如何在这样的课堂教学氛围中引导学员领会合作、互助、倾听、尊重等做人的道理,激发他们的求异思维和批判意识,养成学员的自信、开朗、乐观、阳光的性格,从而完善老年学员的人格精神。改变传统的课堂教学方式方法,变教师的"一言堂"为启发式、讨论式或研究式等课堂教学模式,研究如何激活学员的思维,使教学活动真正成为展现学员生命活力的场所。

获奖情况: 本文荣获 2019 年全国老年大学规范教学管理征文二等奖。

刊登情况: 刊登于常州老年大学学报《大观》2019 年 8 月,总第 2 期。

老年大学声乐教学的针对性方法

周　苗

在当今老年文化生活中,声乐已经成为其中非常重要的一部分,越来越多的老年人进入老年大学学习声乐。由于老年人生理心理的特殊性,老年声乐教学与普通声乐教学具有不同之处。作为一位老年声乐教育者,要了解挖掘老年人的特点,为他们建立积极健康的声乐演唱观念,选择适合老年人的曲目,调整教学方法和手段,从而更好地提升老年人声乐水平。

一、建立积极健康的声乐演唱观念

人到 50 岁之后,人体机能会慢慢衰退,骨骼、器官、内脏、肌肉、声音等都会出现衰老现象,发声器官和呼吸器官的功能衰退导致呼吸深度越来越浅、共鸣腔体越来越窄。老年人要面对生理现实,从实际出发,建立积极健康的声乐演唱观念。

(一)明确老年人声乐学习目的与目标

老年教育是教育的一个组成部分,既有与普通教育相同的共性,又有不同的特性。基于老年教育非职业性和服务性这两个基本特点,老年声乐教育并不是培养优秀的歌唱家,而是通过声乐学习提高歌唱技能,增强自主学习的能力,进而达到增长知识、丰富生活、促进健康、提升生命价值和生活质量的目的。

通过课内外结合进行视唱教学,培养学员掌握与运用"读谱要领",积极提高学员独立歌唱能力。同时,使学员懂得只有利用科学方法,进行课内外的歌唱技能训练,掌握要领,唱起歌来才轻松,才唱得响、唱得清、唱得美,唱得有感情、有变化、有对比。

(二)建立正确的声音概念

老年学员对气息没有明确概念,在演唱时往往一味用真嗓子去唱,就是常说的"大白嗓子"。这样唱歌,气息较浅,也没有音色,让人听起来非常不舒服。在老年学员进行发声练习时,一定要强调气息的重要性,多让老年学员体会轻声、弱声和半声的感觉,在练习一段时间后,再适当提高或降低音量就会演唱出优美和谐的音色。

老年学员应该正视自己的生理现状,不演唱超出自己能力范围的高难度曲目,这一般指音量大、技巧性强、含有高音的曲目。老年人较年轻人阅历丰富、感情充沛,歌曲演唱时可以突出情感表达;老年人时间充沛,在歌唱上可投入的时间多。这些都是老年学员的优点。同时,在歌唱前,教师应该领学正确的歌唱声音,让老年学员多欣赏优秀的歌唱作品,培养老年学员对声音、对歌唱的审美能力。

二、选择合适曲目

每一代人,都有属于自己的音乐经历。这一代老年人年轻时流行的音乐与今天截然不同,他们听过《三大纪律八项注意》,唱过样板戏、毛主席语录歌,喜爱《游击队歌》《花儿为什么这样红》。在学唱这类经典老歌时,他们兴趣盎然,很快就能掌握。很多人因此就认为老年人都只喜欢经典歌曲,其实不然。很多老年人还是很与时俱进的,他们也喜欢唱一些流行的歌曲,也很关注一些新兴事物,也有一颗永远年轻的心。

在选择曲目时,要从老年人喜闻乐见的经典老歌入手,激起他们的学习兴趣,在演唱耳熟能详的歌曲时,他们回顾历史、追忆美好童年、激发爱国情怀,进而更加积极主动地投入学习。循序渐进加入各民族经典歌曲、艺术歌曲,巩固正确的发声及歌唱方法。同时可适当加入一些耳熟能详的外国歌曲,让学员感受不同国家的音乐风格。

选择曲目不能一味投其所好,而要选择不同民族、不同国家、不同唱法的歌曲,通过歌曲让学员感受不同的艺术魅力。同时,考虑到老年人的生理心理特点,不能选择难度太大、音域太宽、节奏太复杂的歌曲。要因材施教,根据老年人不同层次选择相应难度的歌曲,以此建立自信心及成就感。

三、重视呼吸训练、发声训练

随着年龄的增长,老年人的气息较年轻人弱,在声音训练中要特别重视气息的练习。呼吸是歌唱的四大基本要素之一,是歌唱的动力。有良好的气息支持才会有动人的声音。唐代《乐府杂录》中写道:“善歌者必先调其气。氤氲自脐间出,至喉乃噫其词,即分抗坠之音。既得其术,即可致遏云响谷之妙也。”不论任何年龄段,呼吸对于声乐演唱都是至关重要的。没有经过正规训练,老年学员经常会用胸式呼吸歌唱,胸式吸气时肩膀耸起、喉咙紧张、胸部僵硬,进而导致喉头、脖子紧张,使得发出的声音单薄、僵硬。

古语有云:"工欲善其事,必先利其器。"在演唱作品之前,要打好基础,认真进行发声练习,坚实的基础是未来获得美妙歌声的保障。由于歌唱艺术是一种具有高度组织性和复杂性的演唱活动,它所包含的技巧众多。因此每一个学习声乐的人,都需要耗费相当的时间与精力去进行锻炼,借以发挥其歌唱的潜力与从事此项事业所必需的技巧。

四、形象描摹,深入浅出

声乐学习要求的年龄较为宽松,但不同年龄、不同生理结构的发声器官是不同的。声乐教学要以每个人的实际为依据,用科学的方法进行调节。根据老年人特点,深入浅出,用打比方、做比较等方法给老年学员描摹声乐演唱的要点,让枯燥抽象的演唱技巧生动形象起来。

(一)打比方

歌者的身体就是一件乐器。唱歌时,我们可以把身体想象成一支长笛,后脑勺、后颈、后背呈一直线,同时打开头腔、鼻腔、胸腔各处腔体,形成一个内部通透的管乐器。吸气时,把腹腔想象成一个气囊,用"闻花香"的方式把气息吸入气囊。打开口腔时,手握拳当作一颗苹果,用大口的方式来咬"苹果",此时牙关处就打开了。接着,想象在口腔外侧放入一枚竖着的生"鸡蛋",慢慢用手指把"鸡蛋"推至喉咙口,在往内推的过程中注意不能把"鸡蛋"咬破,当感觉到有轻微的呕吐感时停止,这时喉头就打开了。

（二）做比较

很多老年学员反映：课上演唱时很轻松，高音也能够掌握，但自己练习时不但唱起来很累、高音唱不上，而且唱了一会儿连喉咙都哑了。这是因为在老年人声乐学习的过程中，大多注重"唱"而忽略了"听"。听不出演唱过程中存在的问题，也就不能及时调整方法，用错误的方法演唱久了必定会对喉咙造成伤害。所以，在教学过程中要经常锻炼老年学员"听"的能力。笔者在教学中经常会演唱正确与错误两种声音，让老年学员辨别正误，同时指出错误的声音应该如何纠正。这样能有效地锻炼老年学员的听觉与对声音的审美判断。在老年人演唱过程中一旦出现不当之处，笔者会将不当之处适当夸张地演唱，让学员自己寻找问题，同时再演唱一遍正确的。用这种对比的方式，相形之下，美丑分明，老年学员会更自觉更努力地纠正不足之处。

五、借助工具、图示、手势辅助声乐教学

（一）借助工具

声乐是一门内在抽象的技能性课程，语言描摹有一定的局限性，所以在声乐教学中可借助工具、手势、图示等辅助手段。演唱过程中，经常会出现舌面太高、软腭抬不起的状况。这时，借助一支筷子和一面镜子，用筷子将舌根往下压，将小舌头处往上顶，这样能使老年学员清晰地体验到喉头打开的感受。演唱高音时，可以先找个重物，搬重物时腰腹的用力状态就是演唱高音时的状态。

（二）借助图示

在演唱音阶时，笔者在黑板上画上一排阶梯，把每个音级画为一个台阶，其中 mi、fa 之间为半个台阶，si、do 之间为半个台阶，其余都为一个台阶。看着图示的音阶，演唱时就会自然而然地唱出半音与全音的区别。

（三）借助手势

在教学过程中借助手势，能非常直观地感受身体内部各器官各肌肉群的运作方式。例如：笔者在讲解口腔打开的时候，让学员先用右手握拳模拟苹果，大口咬"苹果"打开牙关。教师用左手模拟学员口腔侧面打开状态，大拇指模拟舌头，另外四指并拢模拟上颚，让学员根据教师的手势打开口腔。大口咬"苹果"时，指尖（牙齿）处打开，但虎口（喉咙口）还是关闭的。这时让学员凭空想象有一枚竖着的鸡蛋，右手拿起"鸡蛋"，把"鸡蛋"放入口腔外侧（教师手势对应第一指间关节），用右手食指将"鸡蛋"慢慢往口腔内部推，教师左手变换手型模仿口腔内部形状，当"鸡蛋"推到喉咙口，有轻微呕吐感的时候，喉头就打开了。

手势的运用多种多样，教师在教学过程中要站在学员的立场，感受学员听到怎样的讲解能快速准确地做到位，不断创新调整手势的运用，形成一套简洁明了、美观实用的教学手势。

除了形成自己的教学手势，使用合唱指挥手势也能帮助课堂教学。合唱指挥与队员的交流主要是通过视觉信息传递的，指挥把内心的语言和情感转化为视觉信息传达给队员，从而形成了指挥的视觉行为，即指挥手势。在日常声乐大班课的课堂中，教师相当于这个班集体的指挥。教师使用指挥手势,减少不必要的语言传达,有时能达到更好的课堂效果。例如:快上课了,学员们还在侃侃而谈,这时教师手在空中一挥,五指聚拢成拳,一个指挥中"收拍"的手势,学员们纷纷停止交流;学员在演唱过程中,教师发现演唱存在问题,一个"收拍"手势,学员们立刻停下来倾听教师的讲解;学员在演唱时太投入,越唱越大声,一个"渐弱"的手势让学员回到合适的音量。

对于五六十人的声乐大班,可以不说任何维持纪律的话,用要而不繁的手势、肢体动作、眼神、表情来组织教学,举重若轻,让课堂井然有序。对于正在投入演唱中的学员,不用语言,一个简单的手势,就能调整歌唱状态。手势在声乐教学中的妙用,使得课堂教学更加轻松,赋予老年学员信任、激励、关爱、尊重与包容,在学员领会教师组织教学的习惯和方式后,师生间建立起了珍贵的默契与配合,形成了行止互知的课堂教学秩序。

六、重点难点,循环往复

老年人由于年纪逐渐增大,记忆力明显下降,对于之前学习过的内容,甚至是刚刚学过的内容都会记不太清楚。在声乐课堂上,新授的知识点没过多久就忘记了,有时一个问题反反复复强调都记不住。这是由老年人的生理特点决定的,所以教师一定要有耐心、不厌其烦地反复强调所教内容。

在新授一首歌曲时,要把难点从歌曲中分离出来解决。例如歌曲中的难点乐句可以当作练声曲,也可以把难点分解,假如难点乐句的节奏较为复杂,就先单独练习节奏。针对这些难点重点,反复多次示范演唱,同时可以用齐唱、分组唱、接龙式演唱、独唱等方式让老年学员反复练习。对于难点,每次上课都要复习、强调,直到老年学员完全掌握为止。声乐教学要从细部入手、从小处抓起,将声乐基础训练真实、细腻、透彻的一面展现出来,绝不放过任何一个细节。

例如哼鸣练习,是获得声音"高位置"的有效方式。从一开始完全不会哼鸣,慢慢模仿"小声抽泣"找到哼鸣的方法,然后哼鸣转开口音,由闭口哼鸣,到开口哼鸣,再到用哼鸣演唱歌曲。通过十几次课环环相扣、循环往复的哼鸣练习,老年学员会很明显地感觉到声音发生了变化,有了一些柔韧油亮的感觉。

针对老年人的声乐教学不能抱着"唱着玩玩"的态度,作为教育的一个组成部分,它需要一定的科学训练方法、教学手段和组织教学的策略,它也是需要声乐教育工作者来探索和研究的一个领域。随着老年精神文化的备受瞩目,老年声乐教育也会焕发耀眼的光彩。

作者简介:周苗,讲师,常州老年大学教务处处长、督导室主任。

发表情况:发表于《长江丛刊》(2018 年 12 月,总第 428 期)、中国《老年教育》(2021 年 8 月,总第 697 期)。

刊登情况:刊登于常州老年大学学报《大观》2018 年 12 月,创刊号。

老年大学舞蹈课程教学质量评价现状与优化

陈　朦

舞蹈课程作为一门实践型课程,完善优化其教学质量评价体系,才能有效实现舞蹈课程在老年教育中的专业教学目标,并针对质量评价中的相应问题提出解决的对策,引导教师的教学与学员的学习方向,提升舞蹈师生的综合文化水平。

一、老年大学舞蹈课程教学现状

(一)教学课程内容需要完善

在老年大学舞蹈教学中,很多学校缺乏充足的经验及能力,从事老年教育的经验不够丰富,没有制订符合学员自身的教学内容,各个老师的舞蹈内容比较随意,大多是迎合学员的喜好进行教学,舞蹈课程没有创新。从而无法完成现代老年教育教学理念的教学要求,也很难实现老年大学的舞蹈教学目标,同时不能有效地提升学员的舞蹈专业能力和舞蹈文化、审美能力。

(二)教学方法需要更新

目前,大部分老年大学的舞蹈课程仍然在沿用应用了多年的传统教学模式,舞蹈课堂多以灌输式教学为主,启发式的教学模式很少有教师采纳并应用。在传统的舞蹈教学模式下,教师主要教学方式就是让学员在音乐的配合下对教学的舞蹈动作进行模仿,采用这种灌输式教学方式,没有突出对老年学员生活阅历丰富、有文化涵养的积累的特点。由于教学模式单一,学员在舞蹈教学中多是单纯的模仿,缺乏主动思考和提升舞蹈文化知识的意识,也缺乏参与舞蹈学习以及创作的积极性与主动性。

(三)老年大学缺乏专业的舞蹈教师资源

教学当中,教师的业务水平决定了教学质量的高低。老年大学舞蹈课程的教师,其教学当中的专业能力以及个人素质影响着老年大学舞蹈教学质量的好与差。很多老年大学出现了舞蹈课程的师资力量薄弱的情况,教师的学历、职称远远地落后于非艺术专业的任职教师。同时,不少老年大学的舞蹈教师是非舞蹈专业的教师兼任的,而且舞蹈教师普遍缺乏自身素质与能力提升的机会和动力,在知识体系以及时间方面都难以保证舞蹈课程教学的顺利实施,创新老年大学舞蹈教学更是难上加难。

二、构建老年大学舞蹈教学评价体系的重要性

(一)老年大学舞蹈教学评价的目的

舞蹈是民族文化的一个重要组成部分。中华人民共和国成立后,特别是改革开放以来,中国的舞蹈艺术在一个新的平台上开始了

新一轮的革命。随着教育部对义务教育阶段艺术课程实施促进措施,中国的舞蹈教育逐渐赢得了普及,这不仅为我国舞蹈教育系统的构建,而且为奠定舞蹈教育的基础提供了难得的发展机会。自老年大学开办以来,舞蹈课程在诸多老年大学乃至社区教育中,都是一个热门的课程。目前的舞蹈课在老年教育中已经成为一个重点关注的课程,老年朋友不仅热衷于学习舞蹈,更愿意通过学习,参与到各项文艺活动中来,带动社区舞蹈教育的发展。由于缺乏老年大学舞蹈课程的研究,国内老年大学舞蹈课程的理论基础、教学理念、教学内容、教学评价问题,在每个地区的实践上有一定的差距,影响到老年大学舞蹈教学的质量。

舞蹈课程都是以集体课堂展示的形式进行教学质量评价的。这种方法在很大程度上强调的是一种对教师教学综合能力的评价。因此,所有的舞蹈专业教师都要特别注重和认真对待这种展示形式,所有的专业技术课程的教学内容均围绕着这一教学质量评价。我们只有科学地研究、把握舞蹈专业课教学质量评价的目的,弄清教学质量评价体系与老年大学课程培养目标之间的关系,探寻老年教育教学的新思路和新方法,才能够培养出适应社会需求的老年学员。

(二)舞蹈教学评价是对舞蹈教学效果进行的价值判断

教学质量考核评价体系的建立,是提高舞蹈类专业教学质量的重要手段和依据,通过学员评教、教学示范及教学督导等多种方式对任课教师进行评价,也可以通过第二、第三课堂和社会性演出进行教学检验。各个老年大学都应建立教学质量考核评价体系,但由于艺术类教学课程和考核的设置有其特殊性,特别是舞蹈类专业这种以主观感受为主的视觉艺术,更需要寻求一种科学的量化标准去完善舞蹈专业的教学质量考核评价体系,便于提升舞蹈教学的科学性、有序性、连贯性。

(三)老年大学舞蹈教学评价体系的重要性

近几年来,老年大学舞蹈专业教学从教学大纲、教材内容、教学模式、教学方法等方面均做了一定的课程建设与改革,尤其是在新信息时代全面打开了老年教育的线上教学新模式,因此关于老年大学舞蹈课程的教学评价也随之发生变化和趋于完善。在老年大学的舞蹈教学中,如果学员在新课改新模式下所获得的知识不能及时得到准确的评价,势必会一直循环于"来玩一玩、来动一动"的心态中,削弱学习的动力和兴趣,因此,建立合理的教学质量考核评价体系并加以实践,是必不可少的。

老年大学、职业学校舞蹈专业教学评价体系包括三个标准,分别是技能评价标准、非技能评价标准和进步幅度评价。从学员的专业技术技能、对舞蹈的艺术实践应用能力、创造能力和进步幅度评价的角度,结合职业学校的评价体系,老年大学更需要建立一个舞蹈教学的多边评价体系,既要坚持以学员为主体的自我评价和师生评价,还要有舞蹈教学的过程评价与结果评价,更需要有包含督导听课、期末现场表演,艺术实践活动、舞蹈创编、结业晚会等考察项目。

三、构建老年大学舞蹈质量评价的举措

(一)建立师生共享的自我评价与他人评价

师生共享的评价是一个相互促进的评价过程。在课堂教学中,教师通过举例使得学员能够快速理解并掌握舞蹈动作,学员可以通

过评价,判断教师举例是否达到最佳的教学效果,教师也可以从学员的动作表现评判自己选择的教学案例是否科学。例如藏族舞中的"颤膝动律"训练,要求舞者以膝部的松弛感为律动点,带动全身的律动,并在短小快速的颤动中做出节奏律动感,形成颤膝律动,展现出一种藏族高原地区舞蹈特有的松弛感。这股劲儿源于藏族人民居住环境受限,高原地区氧气稀薄的原因,舞蹈需呈现一种放松的状态,不能憋着气,同时体现出一种藏族人民美好的生活感受。学员在思考的过程中给予教师评价,及时对课堂教学进行反馈。此外,同行之间的评价、专家的评价都应加入其中,并落到实处做好文字记录,与行业密切联系和有效互动。

（二）重视过程性评价

每个舞种的学习大多经过初期了解接触、元素学习训练、综合训练提高三个过程,舞蹈文化内涵必须渗透在每个过程的教学要求与教学目标中。在教学的过程中教师可以通过分组抽查、课堂测试、阶段小测、基本功考核等方式加强教学引导,使学员在学习过程中有意识地将舞蹈文化内涵渗透于形体动作之中。过程性评价能够帮助教师及时调整教学,选用恰当方法,以学员易于接受的形式把专业技能与舞蹈文化有机地结合起来,使舞蹈教学活动向预定目标推进并最终达到该目标。

（三）重视结果性评价

舞蹈艺术本身所具有的表演性特点,使成果展示成为具有特色的结果性评价。加上老年学员具有回报社会、回馈社会的心态,第二、第三课堂也就成了舞蹈学习的全面综合考评内容,是舞蹈教学评价的重要形式。第二、第三课堂的呈现,以及社会性公益活动或文化展演活动对舞蹈技能的掌握与应用、舞蹈情感的表达、舞蹈文化的体现、综合表现力等都有一定的要求,因此成果性评价还要注重创新性和实践能力的评价。

(四)改变教学模式及教学手段,提升情感、文化的渗透

老年朋友选择舞蹈课程大多是兴趣浓厚、学习热情高,因此在教学当中教师要改变传统灌输的教学模式,将重点放在提升学员对舞蹈的理解力与情感表达方面,加强学员基本功的训练和舞蹈基础知识的学习。首先,舞蹈学习中学习者的基本功是非常重要的,没有身体柔韧性、力量、舞蹈动作的控制能力、身体的稳定性及协调性等方面的训练,老年朋友难以在舞蹈动作上有提升,同时会增加运动受损的风险。尤其是有不少老年朋友,内心一腔喜爱,但以前几乎从未接触过专业的舞蹈训练,或者说就没有跳过舞,因此,教师必须按照学员实际情况制订适合学员需要的舞蹈基本功的训练计划,要遵循由浅到深、由易到难的过程。这个过程中,教师要避免一味地说教,尽量多地进行身教,用标准的示范动作来给学员演示,将动作难点进行分步解析,使学员能够清晰明了地掌握动作要点,并在由易到难的训练计划中,提高学员的自信心以及学习兴趣。其次,教学方法上要摆脱传统的方式,尽量运用现代化的教学手段,像多媒体教学便是很好的一种教学方法,教师可以深入地研究多媒体教学,利用丰富的网络资源,下载相应的舞蹈视频,为舞蹈课程制作多媒体课件,让学员在声像并茂的舞蹈视频当中感受其真正的内涵与情感,将自己内心对舞蹈的真实情感真切地表达出来。在模仿练习过程中,教师还可利用 DV 将学员练习舞蹈动作和技巧的过程拍摄下来,练习结束后给

学员播放。针对有问题的环节,教师要给学员反复回放,详细讲解并用标准的动作亲身示范,让学员发现自己的问题,并及时纠正。多媒体教学手段的应用,能够提高学员对舞蹈课程的学习兴趣,使学员明确舞蹈的内涵,了解其内在美,从而跳出富有感情的舞蹈。

(五)加强舞蹈师资队伍的建设

老年大学的舞蹈教学质量要想真正提高,必须大力提高舞蹈课程的师资队伍水平。在老年大学舞蹈教学当中,教学的主体是学员,而教师是教学当中极其重要的引路人。而且老年大学的舞蹈教师相对于学员来说比较年轻,教学的过程实际上是一种教学相长形式的体现。因此,必须要高度重视老年大学舞蹈教师的主导性作用,尊重舞蹈教师教学当中的地位,使教师教学的主动性与积极性能够最大限度地发挥。在提升老年大学舞蹈师资队伍的舞蹈技能以及基本素质方面,可以定期举办提高舞蹈教师业务水平和能力方面的专业培训活动,也可以聘请有一定影响力的舞蹈家或学者到自己的学校来授课或者开设讲座,提升师资队伍的整体能力,还可以将本校教师派到舞蹈课程发展比较好的老年大学去学习,汲取他人教学中的精华,提升自身的教学能力和专业素质。只有教师队伍的自身素质和教学能力得到了提高,才能够熟练地运用知识去引导并教导学员们,舞蹈课程的教学质量和教学效果才能有一定的保障。

(六)规范创新能力的评价

搭建中老年舞蹈竞赛的专业平台,以业内舞蹈竞赛规范老年大学、社区学校的舞蹈教学,促进教学水平和质量的提升。因此舞蹈成果评价不仅仅是期末现场表演,还应包含艺术实践活动、舞蹈创编、毕业晚会等,这才能更加全面地考察教师、学员对舞蹈技能的掌握与运用。通过专业性的竞赛强化舞蹈文化表达,对提高综合素质促进老年朋友的审美能力培养有着积极的作用。例如节目创作中的主题制定、结构把握、节目编排、服装设计、舞美布置等正是学员艺术能力、文化积淀的综合体现,也是教师全面评价学员的良好契机。教师在活动过程中针对学员在实施方案、完成任务的表现进行评价与指导,把握各个环节、各个内容的协调配合。学员在准备毕业晚会的过程中,全方位地检验自己的舞蹈能力与文化素养,实现创造力和综合能力的有效提升。

总之,老年大学舞蹈教学质量评价对提高老年舞蹈教学工作实效起着积极的作用。学校应制订有针对性的教学评价目标,探索灵活的教学评价方法,不断扩大教学评价范围,为舞蹈教学的长远发展创造条件。教师在舞蹈教学中应更新教学理念和方法,利用好教学评价,不断提升自身文化专业素养,利用教学评价更加有效地调整教学策略。学员通过教学评价能够体现教师对课程目标的准确认识与把握,对于全面展示与体现舞蹈的多元性和综合性,树立文化传承意识,促进教学相长、提高教学质量,提升学员专业水平和服务社会能力都具有不可或缺的重要作用。

作者简介:陈朦,讲师,常州老年大学工会主席、舞蹈系主任。

参评情况:本文选送参加2023年全国老年教育第十五次理论研讨会征文评比。

老年大学课堂教学结构优化原则

姚梦婕

　　美国认知教育心理学家奥苏贝尔曾说过:"一堂课的效果如何,取决于课堂结构是否合理。"提高教学的有效性,关键在于课堂教学结构的合理性。如何构建合理的课堂教学结构,在有限的课堂时间内提升教学效果,让学员获得更多、更优、更全面的发展,是有效教学课堂结构亟待解决的问题。

一、问题的提出

　　在老年大学课堂教学结构上,主要存在的问题如下。

(一)教学时间分配不合理

　　由于对课堂结构一知半解,老年大学课堂存在教学时间分配不合理、课堂教学环节缺漏、联系不紧密,互动较少、研究型学习安排不当的现象。传统书画教学强调"以教定学",采用"一言堂"的授课方式较多。近几年随着"以人为本"的教学理念深入人心,老年大学书画课堂的结构形式有所转变,逐步强调学员的学习主动性,但部分教师对师生互动、研究型学习的时间节点掌控不到位。有的课堂点评时间过长,所有作业依次点评,没有选择性,导致后面教学环节缺失或教学任务拖堂完成;有的课堂因为示范作品难度较大,为了节约时间选择课前或课后点评,课堂上与老年人互动较少,整堂课都是讲解和示范;有的课堂交流研讨没有控制好时间,影响了核心教学任务的完成……

(二)课堂结构过于模式化

部分教师掌握一种传统的课堂结构后会习惯性地套用在所有课型上,每堂课都是"点评复习—导入—讲授新课—练习—小结—布置作业",教学环节太过模式化、固定化、机械化,为教而教,没有根据不同课型进行课堂结构设计。教师缺乏创新意识,局限在自己熟悉的教学方法、教学模式中,没有深入了解学员的实际需求,没有真正站在老年学员的角度去组织教学环节和课堂要素。这种呆板的教学结构缺乏活力,难以激发老年学员的学习兴趣,影响教学质量提升。

(三)教学媒体形式质量发展滞后

教学媒体形式包括传统的教具、教材及现代化的多媒体工具等。老年大学教室虽然大多配备了电脑、电视、投影等电子设备,但与中小学、高职院校等相比还是跟不上迅速发展的科学技术的步伐。大部分教师与时俱进掌握了多媒体教学设备的使用,少数教师还是习惯用传统的粉笔、黑板示范,对于数字化教具操作不熟悉。老年大学的书画教材虽有不少,但由于书画艺术比较强调个性风格,一位教师编写的教材很难被同一课程的不同教师统一使用。常州老年大学编写了多本书画课程教材,并被评为省级老年教育优秀教材,但是在实际使用较难推广,使用率较低。所以教材编写需要组建高质量的团队,共同编写共同使用,不断规范格式,围绕老年学员的需求提高教学质量、激活创新形式。

事实告诉我们,教学的艺术性在于重视课堂教学结构的研究,充分揭示课堂教学的原则,科学优化课堂结构,引导学员动手动脑,极大地调动学员的积极性,在合理的课堂结构中使学员兴趣盎然。从整体目标出发,研究课堂教学结构相互联系、相互结合和相互制约的规律,使课堂的各要素相互协调、相得益彰。把握课堂结构这一关键,依靠课堂结构的整体优化达到大幅度提高教学质量的目的,达到课堂教学的理想境界。

二、老年大学书画课堂结构优化原则

(一)"时间调配"原则

1.根据老年学员心理状态合理调配时间

课堂时间是有限的,有效课堂教学的时间更宝贵,所以对课堂教学时间进行科学分配、合理利用是非常必要的。老年学员良好的心理状态是提高课堂教学效率的基本条件之一。老年学员各自的情绪、注意的方向、大脑的兴奋中心各不相同。普通全日制学校一堂课是 45 分钟。研究结果表明,一堂课的前 5 分钟是学习效率较低的时段,学生在这个时间从学习的抑制状态向兴奋状态过渡,从已学的旧知识向未学的新知识过渡,尚未明确新的学习目标,心中充满疑问。学员的注意力在第 5—20 分钟集中度高,学习效率也最高,是课堂教学的最佳时段。

老年大学的课堂时间与普通全日制学校不同,一次课 90 分钟,

90 分钟由老师自己安排,中间可以休息 10—15 分钟。老年人的生理、心理特征与青少年也不同,老年人从家里赶到学校需要一定的时间静下心来,大约 5—10 分钟。要想尽量缩短这个低效时段,教师要具备良好的导入技能,创设与老年人生活经历密切相关的教学情境,拉近书画与学生现实生活的距离。导入是一堂课的开始,是将学生由非学习状态转入本节课学习的准备阶段。常言说:"良好的开端是成功的一半。"成功的导入可以明确教学目标,有效调整学生的情绪状态,适应本课的学习。书画课堂可用聊天、音乐,媒体影像,对作品的赏析、讨论等多种方法导入,以迅速调动老年学员兴趣,进入授课环节。

老年人对自己感兴趣的课程注意力集中时间往往比青少年更长,可以达到 30—40 分钟。要在老年学员集中注意力的时间内解决本课学习的重点难点。在教学过程中,教师可以利用多媒体手段直观、形象地演示教学内容,做高水平的教学示范,激发学生的学习兴趣,帮助学生理解书画内容,创设老年学员感兴趣的话题情境,鼓励他们积极探究、集中注意力,提升学习效率,但也要控制探究式教学的时间,选择适合老年学员探究的一两个问题,保证必要的讲授知识的时间。

2.突出重点教学环节,灵活统筹

教学中切忌各环节等时等量。要强调关键环节,把重点、难点讲清楚。通过教师示范和学员实操使老年人掌握生僻难懂的知识技能。课堂教学应环环相扣、层层递进,各环节的连接自然、紧凑,提高课堂的教学效率,形成开放性、生成式、可持续发展的课堂教学结构。每一课的教学目标和教学任务应在课堂时间内完成,避免拖堂。书画示范与其他学科有所不同,国画、水彩等画种受用水影响,必须在湿或半干半湿时完成,特别是到中高级课程时,示范作品的难度提高,示范时间需要延长,学员练习时间相对减少或必须留到课后学习。针对特殊课程,在征得学员、老师的同意后,也可改变课堂教学时间。比如油画课程,因为油画颜料的特殊性,必须延长教学时间,系部统筹协调后改为 3 小时一次课,保证了教学的完整性。常州老年大学课程是每周一次课,课堂时间有限,但学员有一周时间复习和预习,应合理利用课外这段时间针对不同学习层次学员布置难易、数量不同的课后练习及预习任务,并通过班级微信群给予有效指导,提出恰当的预习建议,制定不同层次的评价机制。

(二)"食谱搭配"原则

人吃饭既要讲究营养,又要讲究口味。学习也如此。不同的教学方法,有不同的优势,必须交替使用、合理配置,使各种教法优势互补、扬其所长。书画教学中常见的课堂类型有新授课、复习课、欣赏课、写生创作课,大部分以实践课为主。不同课型的教学目标不同,根据不同教学目标,采用多种教学模式,设计不同课堂教学结构。书画的课堂教学目标应围绕审美、情感、理论知识、技法多维组成,融合思想道德、政治、文化历史传承等方面的"复合价值",提升老年学员综合素养,让老年学员将自己的工作、生活和社会经验融入探究、解决问题的过程中。

1.新授课

新授课可以采用"课前导入,新授示范,学员练习、教师指导,小结,布置作业"的结构,知行合一。"五段式"式的课堂结构是最常见的,也最容易固定化,教师可根据具体教学情况调整教学环节。在预习的基础上,可以先由学员讲一讲自己对课程内容的理解,然后教师加以引导,答疑解惑,采取"先做再问,再做再问"的结构安排。提问交流可穿插于各教学环节中,将所学内容问题化,提高问题的针对性和导向性。教师与学员可双向提问,所谓"授人以鱼不如授人以渔",应当着重教会老年学员科学学习的方法、敢于提问的勇气、主动研究和探索知识的习惯以及举一反三解决问题的能力。要做到这一点,教师应加强课堂巡视,耐心细致地观察学员学习中的实际困难和"卡壳点""瓶颈处",针对存在的问题"有的放矢"地采取个别指导和集体指导。

2.复习课

复习课可以采用"作业点评—讨论提问—难点示范—练习指导—小结"的结构,总结疑难问题,师生共同探究。

以技能操作为主,插入必要的理论知识讲解,针对难点问题讲透练透。老年人理解能力较强但感知能力和记忆能力下降,学得快忘得快。教师应重复多次示范,多让他们动手练习,同样的技法用不同题材组合的方式重复训练,增强记忆的持久性。还可大胆尝试翻转课堂,让学生成为解决问题的主体,进行主题明确的研究型教学活动,在课堂中邀请学员分享自己的经验,交流遇到的困难,互相点评习作,扬长避短,增强自信、自觉和主角意识,释放学习潜能,充分发挥老年学员丰富的工作和生活经验优势。

3.欣赏课

欣赏课可结合第一、第二、第三课堂,丰富教学手段,打开审美视野。

欣赏课可以在校内展开,也可走出校门,去参观各类展览。课堂上采用"导入—欣赏讲解—提问交流—小结"的结构,教学手段可以多样化,除了准备实物的作品欣赏,也可充分利用多媒体设备,播放图片、视频、音乐让学员沉浸式体验,留充足的时间给学员说说自己的看法,教师给予专业的引导和总结。去观展要提前做好准备,对展览内容预先了解,有重点地给学员分析讲解,也可选学员自己参观过程中比较感兴趣的一两幅作品介绍并互相讨论其中的技法难点与创新之处,教师在这个时候应多加鼓励引导学生,让老年学员理解艺术多样的美,培养学生正确审美观和鉴赏能力,在书画学习中滋养身心,提升智慧。

4.写生创作课

写生创作课可以采用"写生准备—取景写生(采风)—素材分析—构图指导—绘画创作—指导修改—总结交流"的结构,活学活用,发现美创造美。

书画专业讲究师法自然,前面的临摹是为了学习各种技法,掌握一定技法后要用于描绘表现生活中的人、事、景,表达自己喜怒哀乐的情绪,生活的感悟。写生首先要做的是观察欣赏,发现美和创作美,可现场速写也可拍照取材,回校后再处理素材,进行构图。创作时构图非常关键,要学会突出主体,虚实结合。创作时学员可以先单独完成,然后相互观摩、讨论交流、共同提高,教师应耐心地聆听学生的想法意见,遇到创作中确实解决不了的难题时,老师可以给出提示,和学生共同研究解决。老年学员的生活阅历比较丰富,要尊重他们对问题的不同见解,让他们畅所欲言,这样才能调动学生的积极性,有利于他们分析能力、研究能力和解决问题能力的提高。让他们在有限的教学时间里,通过听、看、想、议、做等学习活动获取更多的知识。

在创作作品展评时,教师要找出作品的闪光点和不足之处,让学员在互相学习和交流中,解决难题,激发创作的灵感,每一位学员听到学友们对作品的赞扬、欣赏并点评,都能体会到创作的乐趣和成就感。课堂最后,教师应精练、简洁地对写生创作的知识要点、重点难点和学生表现等进行总结。

(三)"必要实用"原则

1.注重传统教学媒体实用性

为适应老年人的学习特点,使用的教学媒体应传统与现代数字化相结合。传统的教学媒体有教材、挂图、黑板等,操作简便,能够让老年学员直观、近距离地接触。教材更是规范教学,衡量老年教育水平的标准。老年大学书画课程的各类教材不少,但不同区域、不同学校、不同教师很难统一规范。常州老年大学近几年在编写教材方面有所突破,组建高水平的编写团队完成了《老年美育》等相关美学、书画方面的专业教材,特别注重适老性、实用性和推广性,也通过编写教材的过程提升了教师的理论和学术研究水平。

2.信息化技术助力老年学员"耳聪目明"

互联网、大数据和人工智能等现代信息技术迅速融入老年教育,教育信息化是时代的趋势。这些信息化技术改变着老年教育的教学过程、教学内容、师生关系、教学方法和教学手段。教师在丰富的网络大数据中选取合适的课堂教学资源,为学员提供丰富多彩的教学内容,提高学生参与教学活动的主动性。以往老年学员在课堂上看老师示范一遍,投影上看得不是很清楚,回家后记忆很快模糊了,练习的时候就比较困难,学员经常站在老师旁边拍照拍视频则会对课堂教学造成不良影响。常州老年大学开通云直播课堂后,老年学员在家每次练习前都可以把回放视频看一遍,不断加深印象,这样能交作业的学员就更多了,作业质量也显著提高了。还有现在的三维动画技术把传统名画制作成 3D 立体动画,让老年学员在临摹古画的过程中不再枯燥乏味,而是身临其境感受构图的平远、深远、高远,感受高山流水与曲径通幽。

3.“智慧课堂”有效提高学习效率

除了清晰展示书画原图与技法,还可以摸索如何让更多老年人通过网络进行自主学习、交互学习,让课堂焕然一新。新时代老年大学的课堂教学,必须紧跟信息社会的脚步,快速掌握课堂适用的网络信息技术,重组知识形态,拓宽知识来源,提供多样的知识信息,建构情境性和合作互动性教学,让老年学员加深理解、学会创新,从“传统课堂”向“智慧课堂”转变,让老年大学的课堂教学充满生机、充满探究、充满和谐。

作者简介:姚梦婕,讲师,常州老年大学书画系副主任。

获奖情况:本文荣获“江苏省老年教育论文征集评选活动”一等奖;“常州市终身教育学会优秀论文评选活动”三等奖。

第六章　教材多元化

老年大学教材建设的有效途径

周　苗

老年人在老年大学学习的过程中,教材的重要性不可忽视。教材作为教学活动的重要载体和基础资源,是提高教学质量的重要保障。尤其在推进终身学习的教育背景之下,教材更是人才培养与教学改革的必备之器。体现老年教育特色、契合老年学员特点、满足老年教育改革、促进终身教育发展,应是优质老年教育教材必须具备的要素。加强老年教育教材建设,编写出体现老年教育特色的教材势在必行。只有把老年教育教材建设这项基础工程搭建好,才能为老年教育发展及终身教育体系的构建奠定坚实的基础。

一、老年大学教材现状分析

(一)使用情况

以常州老年大学为例,教材及教辅资料的使用主要有以下几种。

1.社会通用教材

许多专业课程会选择社会通用教材,如钢琴、英语、文学类等。或参照出版教材中的某些章节,结合老年人的特点,进行教学。

2.兄弟老年大学出版教材

"一校出教材,多校同使用。"这种资源共享的做法,是大多数老年大学采用的。常州老年大学在没有自编声乐教材时曾使用过金陵老年大学和上海老年大学出版的教材。常州老年大学的《拼音与朗读》也被金坛老年大学所使用,这种做法值得借鉴推广。

3.校本教材

常州老年大学经过几年的课程改革,取得了一定的教材成果,主编或参编了 12 本出版教材、46 本校本教材。

其中《足反射疗法》获"全国第二届老年大学优秀教材"称号。在 2021 年全国老年大学第三轮教材推优评选工作中,《智能手机实用知识及其操作详录》获得"全国老年大学优秀出版教材",《老年心理卫生保健》《钢笔画》《拼音与朗读》《常州旅游古今谈》《单反摄影》《老年大学钢琴实用教程》《音乐素养(五线谱版)》《形体舞蹈》等获得"全国老年大学优秀校本教材"。2022 年常州老年大学完成了 11 本校本教材,其中《工笔人物画技法》《不可不知的国学常识(第二辑)》《日语日常会话》《〈诗经〉选读》《声乐基础教程》《生活中的营养学》《手机摄影基础》《Pr 视频剪辑》等获得"江苏省老年大学优秀教材",《健脑益智之手指操》《越剧(上)》《工笔画入门(花鸟篇)》等获得"江苏省老年大学优秀校本教材"。

4.自编讲义

由于老年大学没有统编教材,有些新开设课程和拓展类课程常常使用自编讲义。自编讲义不属于教材范畴,是教师根据教学大纲,结合自身教学经验而编写的,具有鲜明的个人色彩,编写要求低,可以按学期编制。

（二）存在问题

通过对目前老年教育教材的调查分析,发现主要存在教材设计缺乏老年教育特色、教材形式单一、立体化程度低、教材使用率低等问题。

1.教材设计缺乏老年教育特色

老年教育教材与普通教材的最大区别应该是突出老年教育的特色。老年学员具备完整的人生观、价值观和知识体系,他们拥有较强的自学能力和理解能力,但同时伴随着年龄增长所带来的视力、体力问题。老年学员的学习动机纯粹,都以自身爱好和需求来选择课程。在编写老年教育教材时,教材的内容选择及编写体例应符合老年学员的学习所需与阅读习惯,切合老年群体心理、生理等方面的特征。许多教材在编写时沿用普通教育的教材编写模式,没有突出老年学员的特色,存在一些不利于老年学员学习的因素,如教材字体偏小、不利于老年群体阅读;编排过于紧凑;教学内容过于专业,对老年学员来说理解难度较大;教材过于注重专业性与系统性,延续了学科本位的教材模式;教材太厚,不便于携带;等等。

2.教材形式单一,立体化程度低

目前普遍使用的传统纸质教材虽然能够自成体系,但形式单一,教材一旦成型后就难以修改和调整,缺乏灵活性,教材内容不能与时俱进。同时,传统纸质教材在表达形式上以文字叙述为主、图片呈现为辅,枯燥无趣,不适应现代化老年教育教学体系。

随着网络信息技术的不断发展,给人们的生活提供了无数便利。不出门可知天下事,不出门可学各种课程。在老年大学教材领域,主要是纸质版教材,形式较为单一、立体化程度低。在各类软件、各大网络平台的刺激下,许多老年学员的信息技术使用能力逐步加强,对于网络课件、电子教案等信息化教学资源接受度逐渐提高,将信息技术手段运用到老年教育教材立体化开发中已具备一定基础。

3.教材使用率低

老年学员的职业类型多元化,学历和专业基础呈现较大差异。在编写老年教育教材的过程中,按照教师"教"的角度设计教材的逻辑和内容,注重专业理论知识体系的完整性,忽略了老年学员的认知特征和培养目标,与实际应用脱节,语言表述过于学术,使得老年学员难以理解,对教材不感兴趣,导致教材的使用率较低。

二、老年大学教材建设的重要性

教材是教学之本,教材建设是教学工作三项基本建设之一。编著高质量教材是衡量学校教学质量、师资水平和科研水平的重要标准,也是提高教学质量的重要途径。教材是学员进行学习活动时最权威,对其影响最大的书籍,能够直接影响学员的学习兴趣与信心,能够帮助学员更透彻地掌握学习内容,形成实事求是的学习习惯,是教学活动中必不可少的教育媒介。老年学员有着不同于青少年的心理、生理特征,普通教材难以满足其学习需求,因此开发适合老年群体学习的教材就显得尤为重要。

我国老年学员的队伍非常壮大,有超过 5000 万之多,但至今没有一本全国性的教材,各地老年大学的课程设置体系多有不同,缺乏统一性,教学资源共建共享程度不高,课程建设体系也难以统一。以通识类课程为例,其特征为通用性、基础性、综合性强,但目前存在着质量不一致、主题不统一、数量不足等问题,因此编写老年教育教材、进行教材建设具有迫切性。合适配套的实体教材有助于学员进行系统的课程学习,准确地把握教学内容,长期课后复习巩固并留存纪念。同时系统规范的教材有助于学员感受课程的规范统一,加强学员对课程的重视。在未来老年教育的可持续发展中,教材建设有着显著的发展前景。

三、实现老年大学教材建设的有效途径

(一)领导重视

老年大学教材缺乏统一性与系统性的问题由来已久。这一问题的解决与完善需要领导层面的关心重视与统筹安排,统一领导班子、办学人员及教师对教材建设重要性的认识。中国老年大学协会每两年举办一次的教材推优工作可见国家对教材建设的重视程度。常州老年大学的校领导十分重视教材建设工作,多次召开教材建设工作会议,将教材建设作为学校发展的一项重要工作。

(二)制度健全

近年来,常州老年大学高度重视教材工作,建立了系统完备、科学规范的教材建设规章制度体系,于 2021 年出台了《常州老年大学教材建设与管理办法》,就学校教材建设的管理机构和职能、教材建设规划的制订、教材的选用、教材编写的立项、立项教材的编写、教材的评价等方面做了详尽的规范要求。多措并举推进教材工作,教材管理明显加强。

(三)师资组建

教材建设离不开一支高素质、专业化的教材编写教师队伍。常州老年大学拥有 9 位在编在职教师,同时拥有 200 多位兼职教师,他们是教材开发和教材编写的主力军。组建一支高素质、专业化的教材编写教师队伍,同时吸纳优秀专家参与教材建设。编写老年教育教材的教师,应是长期从事教学和科研工作的专业人才。只搞科研不进课堂,因为不熟悉有效教学组织和教学内容的通俗表达,写出来的教材会晦涩难懂,不接地气,可读性不强;只上课不搞科研,因为离行业太远,不了解行业的发展现状,写出来的教材知识过于陈旧,不利于学员的长期发展。

(四)平台建立

学校应构建和完善专业化教材研究平台,重点是建设教材研究基地,健全教材编写培训机制、研究成果交流机制、教材使用培训机制和教材使用评价机制等。

(五)激励保障

建立激励机制,充分调动广大教师从事教材编写的积极性。对于编写出版教材和校本教材的主编和副主编,学校将给予不同程度的物质奖励和精神奖励。同时,编写教材也作为教师评选校“教坛新秀、教学能手、骨干教师和老年教育名师”四级阶梯的重要内容。加强激励保障,鼓励教材建设活动,切实提高教材质量。

四、老年教育教材编写

一门好的课程是教材与教学形式的完美结合,编写好教材是课程改革的头等大事和首要任务。编写好一本优秀的老年教育教材,需要老年大学教师不懈努力和坚持探索。

(一)把握老年教育教材编写的基本依据

教材编写是一项复杂的育人工程,要完成好这项工程,需要有完善的教学大纲,并遵循教育教学规律。

1. 完善的教学大纲

常州老年大学 2021 年编印了《为了培养老年人:专业指导性培养方案暨教学大纲 2021 年版》,一个系列 8 本,撰写了 14 个学科的专业指导性培养方案、100 多门课程的教学大纲。这些教学大纲就是教材编写和修订最直接的依据。教学大纲是教材的上位概念,是规定学科课程内容(或教学内容)的文件。教学大纲对教材总是有最直接的制约作用。即先有教学大纲的制订,然后才有教材的编写;先有教学大纲的修订,随即就有教材的修订。可见,教材的编写,都不是由编辑人员和教师自作主张的,须得根据学校的教学大纲进行。

2. 契合的教育教学规律

教育教学规律是教材编写者时刻需要深度观照的最密切的依据。如何把这种规律具体运用到教材的设计与编写中?一是老年人身心发展的特征是编写老年大学教材的出发点;二是教材内容的呈现方式必须与老年人认知规律相匹配。

(二)遵守老年教育教材编写的基本要求

教材编写要注意整体性：编写教材时不能孤立地对某一门课程进行思考,应在深入调查研究和分析的基础上,明确本专业的培养目标,确定课程的内容和整体结构,明确本专业主干课程教学的基本要求,确定本课程必需的专业知识和技能,明确本课程与其他主干专业课程和专业方向课程的衔接、交叉、分工,确定本课程的性质、任务和教学目标。

教材编写要注意准确性：要求取材翔实,概念定义确切,数据可靠准确。

教材编写要注意系统性：要求体系清晰,层次分明,结构严谨,条理清楚。

教材编写要注意统一性：数字、符号、图表、公式书写统一;全书同一名词、术语前后统一;文字与图表、公式配合统一。

教材编写要注意"去个人化"：教材编写要强调国家行为、社会行为和学校行为,教材不是个人行为,尤其不是个人的学术行为,不能强调个人的学术观点,不能仅依据个人的学术见解,必须有权威的依据,不能过分强调个人的兴趣爱好。作为教材编写者,要"去个人化"。

(三)突出老年教育特色

老年学员具有丰富的人生阅历、一定的知识体系和多种经验技能,有着较强的思维与分析能力,所以教材内容的选择要结合老年人已有的认知体系,合理选择教材内容,不可太过简单,也不可晦涩难懂。应增强教材的实用性,采用适宜老年人学习和理解的形式,如增加图解式介绍,减少深度理论讲解。

随着年龄的增长,老年学员的各项生理机能逐渐衰退。在教材的排版上,要将字体放大,加大行间距、字间距,便于老年学员阅读;排版时页面可以适当留白,便于老年学员做笔记。

总之,各老年大学教材建设工作正在如火如荼、有声有色地开展中。在广泛的实践中提炼教材建设经验,形成一批具有中国特色的老年教育教材,是我们广大老年教育工作者为之不懈奋斗的目标。

获奖情况:本文荣获 2022 年江苏省老年教育优秀论文一等奖、2022 年常州市终身教育优秀论文二等奖。

刊登情况:刊登于《江苏省老年教育论文集》(2023 年 3 月)。

老年教育新形态教材的新探究

周　苗

教材是教学的主要媒体，是教师和学生之间的媒介与载体。在老年教育领域中，教材的重要性一直未能充分体现，教材发展明显滞后于中小学和高职院校。尽管近几年在全国范围内涌现出一批批优秀的老年教育教材，各地老年大学都在积极开发出版教材和校本教材，但相比其他领域的教材，老年教育的教材还是处于刚刚起步状态。

一、老年教育新形态教材的概念界定和类型

《"十四五"职业教育规划教材建设实施方案》明确指出："加快建设新形态教材，组织院校和行业企业等联合开发科学严谨、深入浅出、形式多样的活页式、工作手册式等新形态教材。"

新形态教材是一种以纸质教材为基础、对多种数字资源进行一体化设计、为教学活动提供综合性解决方案的教学材料，是一种从内在形态到外在形态、从功能到使用方式都全面革新升级的教材体系，具有集成性、融合性、交互性和发展性四个主要特征。

新形态教材主要包括融媒体教材、活页式教材和手册式教材等。

（一）融媒体教材

随着信息技术高速发展并逐步融入传统教材，融媒体教材应运而生。融媒体教材是以纸质教材为核心，以学生为中心，充分利用互联网、VR、AR、虚拟仿真和二维码等技术，将纸质教材与数字化资源、教学资源库和在线课程等资源融合，精准服务教育教学的教材新形态，是当前最为广泛的一种教材类型。老年大学的各类课程教材都适用此类型教材，智能手机、计算机、摄影是与融媒体教材适配度最高的课程，此外声乐、器乐、舞蹈、外语等课程也可采用二维码手段实现音视频教材和纸质教材的高度融合。

（二）活页式教材

"活页"的含义不限于外在的装订方式，其本质含义是指教材内容的选取、组织逻辑及呈现。活页式教材的内容设计需要结合老年教育的类型特征，对接专业课程教学标准，将专业所需的理论知识、技能技巧等有机融合，构建模块化的教学单元，不仅能使教材编排更为灵活多样，还能有利于开展以学员为中心、以能力培养为目标的课程教学，满足学员的个性化学习需求。书法、绘画、舞蹈、计算机、智能手机等课程适用此类教材。

（三）手册式教材

手册式教材多用于职业教育，是参照企业的生产操作指导手册设计教材结构、编写教材内容，编写的出发点更倾向于岗位工作过程的操作性流程。手册式教材可以运用在实操类课程中，对实操过程进行教学设计和加工，体现操作规范性、标准化和专业性等元素，将其转化为具有科学性、普遍性和教育性的专业技能知识和实操方法的教学内容。手册式教材立足于指导学员在实操环境中的学习和练习,按照实操过程的任务分解,将理论知识、学习任务、自我评价、总结反思及延伸拓展等内容有机融合。烹饪、插花、绒线编织、家庭应急救护、母婴护理等课程皆适合此类型教材。

二、老年教育新形态教材建设的价值

老年教育因其教育对象的特殊性、教育对象学习需求的独特性而成为区别于普通教育的类型教育。老年教育以培养老年人为教育目标,除要满足老年群体自我发展的需求外,还要践行"积极老龄化",提高老年群体的生活品质。融媒体、活页式和手册式教材作为新形态教材的三种类型展现出以老为本、为老服务的老年教育类型特征,是老年教育教学规律的内在体现。

融媒体教材不仅能充分利用不同媒体的优势多元化展示教材内容,还能够打破时空限制开展学习活动。例如,声乐教材中,通过手机扫描二维码即可欣赏所学歌曲的各种版本范唱、原调或降调的伴奏、难点讲解等,学员在家也可学歌曲,展现了融媒体教材的实用性和便捷性。融媒体教材得益于视频讲解能以二维码形式插入教材,使文字篇幅及图片数量大量减少,从而明显降低教材成本,体积轻便,更便于学员携带。

活页式教材能依据专业发展情况及时下流行情况对教材进行单独更新和优化组合,解决了传统教材修订更新不及时,不能快速反映新知识、新技能、新潮流的问题。例如,在虎年春晚,源自宋代名画《千里江山图》的舞蹈诗剧《只此青绿》选段"青绿"一出场,迅速占领各大社交媒体。"青绿山水画小品"课程立刻调整教学内容,加入《千里江山图》内容,活页式教材便发挥了其优势,为教学内容的快速调整提供支持。

手册式教材能更好地在实操环境下提升学员的专业规范性和实操能力。例如:《家庭应急救护》教材中,在模拟面临气道异物梗阻、开放性创伤、急性冠状动脉综合征、晕厥、休克、咬伤、溺水、烧烫伤、中毒、冻伤、失温、中暑等情况下,用任务式的编写体例规范地指导救护措施,提升救护能力。

新时代呼唤新形态教材,新形态教材建设的重要性不言而喻。新形态教材体现了老年教育特征,彰显了老年教育特色。

三、老年教育新形态教材建设的路径

(一)加强对新形态教材建设的认识

对于老年教育教材建设而言,新形态教材属于新鲜事物,因此对老年教育管理者和老年教育教材编写者而言,必须认识到新形态教材建设是老年教育教材建设改革的方向与趋势。新形态教材建设与传统教材建设有较大差距,新形态教材建设不是"面子"工程或"帽子"工程,因而不仅需要统一对新形态教材建设重要性的认识,还需要充分认识新形态教材的内涵、类型和价值,明确目标、转变思路,从"以教师为中心"转变为"以学员为中心",才能编写高质量的老年教育新形态教材。

(二)明确老年教育新形态教材建设思路

全面规划,重点突破。老年教育教材建设管理者须全面规划新形态教材建设,加强教材编写的顶层设计,统筹教材架构、教材逻辑、教材形式和教材内容,编写任务安排合理,编写人员分工明确,编写进度有序可行,形成教材建设的合力。同时,优先推进课程建设、师资队伍和融媒体技术手段相对成熟的专业开展教材编写工作,投入文字编辑和数字编辑力量进行重点建设,建成老年教育新形态教材建设的示范教材,为今后新形态教材建设提供参考范例。

教材建设课程建设,同步开展。在专业教学大纲(课程标准)的基础上,以教学目标为核心,不断梳理学科相关理论知识和实操技能,从而进行老年教育理念、教学内容以及教学模式的创新,把课程建设的成果体现在教材形态和教材内容等方面,使老年教育教材更加贴合老年教育教学规律。教材形态变革须跟上课程形态变革的步伐,教学大纲制订、教材编写及呈现形态和课程建设融为一体。在教材图文内容编写的基础之上,充分利用网络学习平台,邀请教材编写组成员录制教材配套视频,创建优质的网络学习环境。不同于碎片化的短视频,视频资源应依据教材目录,将整本教材内容进行详细教授,具有更强的体系性。此外,使用新形态教材的教师和学员能通过网络学习平台的在线指导、在线作业批改等功能进行互动。例如:在每节课的最后为学员布置课后学习任务、课后作业;通过班级群进行课后讨论,让师生在班级群中自由地对课上的问题提出自己的见解,有效地将课堂进行延续。

建用并进,动态更新。在建设新形态教材的同时,组织面向全校,甚至更大范围的专业相关教师开展师资培训,推广与共享新形态教材建设成果。师资培训主要包括新形态教材的教学内容设置、教学重点与难点、教学管理与监督以及数字教学资源的使用等。其主要目标是促进老年教育一线教师教学水平的提高,并为新形态教材的及时改版迭代提供意见和建议。

（三）组建多元协作新形态教材编写团队

编写团队建设是教材建设的前提和基础。老年教育相比其他类型教育有其特殊性,表现为授课教师基本上为兼职教师,学校对兼职教师的约束性较低,教材建设管理难度大。兼职教师大多为一些院校退休教师和无教育背景的能工巧匠。退休教师虽然具有较强的教学水平,对传统纸质教材编写较为熟悉,但对新形态教材缺少了解,更遑论无教育背景的能工巧匠,作为教材编写的主力军还是不够的。团队成员水平参差不齐,教材质量难以保证,严重偏离了教材编写规律,更不利于老年教育教材建设。如何组建一支新形态教材的编辑队伍,是必须解决的问题。

教育部发布的系列教材管理办法中强调:要加强教材编写队伍建设,多举措培养优秀编写人才。老年教育教材编写可以通过整合兄弟老年大学、高职院校、行业企业、教育研究机构等多方力量,充分吸引多方面人才,组建由各单位优秀人员组成的教材编审队伍,通过共同研究、共同规划设计、共同编写教材、共同开发资源和共同审核发行等协同开发老年教育新形态教材。

兄弟老年大学的一线教师共同参与编写,能将丰富的老年教育经验转化为教材编写的老年教育特色体现,群策群力、共同编写、共同使用;高职院校优秀教师较强的专业性及丰富的教学经验,确保教材开发遵循教育教学规律;行业企业的专家和能工巧匠参与,能将行业企业一线的实操技能内容融入教材,体现教材的实操性和实用性。同时,借助出版单位的优秀编辑,对文字编辑和版面设计进行优化,确保教材文字表述规范、准确和流畅,图文并茂、题材活泼、形式新颖。

　　没有特色就没有文化。常州老年大学特别重视校园文化建设，努力传承和发展本校传统文化，以老年学员为发展主体，竭诚为培养老年人的素质素养、提高老年人的生命价值和生活质量服务。学校重点实施并推进了校本课程开发工程，逐步形成了以养生和智能化应用课程为基础、以文艺文娱课程为重点、以人文课程为高端的，有梯度、有宽度、有前瞻性的课程体系。

　　校本教材开发是校本课程实施的重要载体之一。作为教育的重要组成部分，教材从来都是被看重、被关注的。教材是影响教学质量的重要因素，是教师进行教学活动的重要依据，是学生获取知识的主要载体。当前，老年教育没有国家、部委的统一教材，一般都是老年大学根据所在地区的实际需要，根据教育施教者的教学经验以及老年学员的基础、特点、兴趣等开发的校本教材。可以肯定地说，现代教育仍然必须借助于教材，这与以往的教育并无不同。

　　教材必须负有一定的教育任务，这个任务当然也是编者赋予的。20世纪90年代末，随着电脑、手机的普及，越来越多的人开始对拼音输入法有了迫切需求，"汉语拼音及其运用"课程应运而生，学制半年。后来，随着中央电视台《朗读者》节目的热播，应学员要求该课程增加了朗读的内容，学制变为两年，课程名称改为"拼音与朗读"，即"汉语拼音与普通话朗读"的简称。笔者自2008年到常州老年大学任教至今，所使用的教材从2008年学期讲义版，更新到2015年学年版、2016年修订版、2017年修订版、2018年第四版，再到2020年第五版。如今，该课程已经具有完善的教学大纲、教学计划、教材教案、上课PPT、视频资料等，使该课程在老年大学的文学语言类教学中发挥基础性作用。

　　可见，老年大学校本教材的编写需要有"十年磨一剑"的意志，潜心钻研,才能最终修成"正果",这是一个不断选取、编纂、修改、实践、提高的过程。

二、教材应具有变通性

变通性,是指案例的可替换性。同一主旨的案例可以由不同的案例形式或方式来表达,相同形式或方式的案例也可以蕴涵或赋予不同的案例主旨。推而广之,古今、中外、文理等不同领域的案例,都可以在现代教育理念的指导下,变通替换,这既打破了教材的遵从性、唯一性,也给了教师以更大的迁移、创造等自主支配权,将极大激活教师的创造创新热情;对于学生来说,学习对象的灵活可变、可调、可控、可换,不仅会激发学员学习的兴趣,而且可以作为自主学习的自我检查方式,通过变、调、换的水平发现自身案例学习的问题。

《拼音与朗读》教材经过不断迭代,结合学员使用的情况,其内容和结构都在不断修正、调整,只有这样,从实践中来再到实践中去,才能淬炼出一本受学员欢迎的校本教材。同时,这个过程受地域、使用条件、生源、社会发展等需求的不断变化,还将持续下去。

（一）保持线性

保持线性,就是各类案例的组合一以贯之地指向素质教育目标及各阶段教育任务,而不是旁逸斜出、负载过繁。

"拼音与朗读"课程以"汉语拼音方案"作为根本,教材中的汉字都有注音,便于学员使用和学习。因为本课程的教学目标是提高学员文化素养和普通话水平,检验学员学习效果的是看他的"普通话语音是否标准",所以教材要有一定的朗读练习内容,学员只有具备足够的朗读训练量后才能真正达到普通话的语音标准。

1. 教材应该成为教师与学生互动的平台

师生双方都应知道各自的任务,可以相互检查督促,体现教学民主。这就是师生双方指导研究的不断反馈,从学习初始到学习终了,通过循环往复的反馈,推进认知的深化与升华,不是只讲而不反馈。

虽然每次课都包括拼音学习、拼写练习、朗读训练及课后作业等几部分,但拼音学习贯穿始终。因为学语言是要出声的。由于老年人理解能力强而记忆力减退,所以我们要花一个多学期的时间来学习汉语拼音字母。每个字母都有绕口令练习,还穿插儿歌、诗歌、短文等朗读练习。我们的教学方法是"讲练结合":教师讲授,学生互动;教师范读、领读—学员跟读—教师点评指正—学员再读;学员朗读的方式有全班读、小组读、个人读等。每次这样不厌其烦地朗读,其目的就是使学员掌握每个字母的准确发音。

2. 教材要考虑生源因素

老年人来到老年大学学习,没有了考试的压力,通常达到了"我要学"的境界。他们认真、刻苦、好学、善问,理解能力强但记忆力减退。常有学员说:"来到学校,老师一复习就都会了;可是一回到家又忘了。"汉语拼音学习也是需要记忆的。虽然拼音采用的是国际通用的拉丁字母,不少学员(学过俄语、英语、拼音的人)认得,但这些字母中有的写法非常相近或读音很相近。因此在教学中要把它们分组进行辨别,便于学员记忆。如声母形近的分组 b、d、q、g、p:这几个声母都是由一竖和一个半圆组成的,只是半圆所在的位置不一样，很容易搞混。还有复元音韵母是个难点，特别容易混淆，可以分组记忆。如 ai-ia、ei-ie、ui-iu、ou-uo······因此，教材中就有"声母难点辨正""复元音韵母辨正"等章节。认识并记住字母是学习拼音的基础和前提。

3.教材要考虑地域因素

众所周知，小学生学拼音是为了认字，而老年人是已经认识字了再来学拼音；因此老年人学拼音可以不像小学生那样先学 a、o、e······，而是直接从声母 b、p、m、f······开始。每次少学几个字母，并且可以穿插字词、绕口令及朗读的内容。教师的主要任务是"正音"，即纠正学员的错误发音，并且示范正确的读音。比如吴方言没有翘舌音，许多人只习惯于发平舌音，那么我们在教学的时候就可以将平、翘舌音进行对比练习，并且把重点放在发准翘舌音 zh、ch、sh、r 上。因此，教材中就有"平翘舌音辨正"章节。另外，吴方言前、后鼻韵母不分，教材就分了七次课来学鼻韵母，还有"前鼻韵母辨正""后鼻韵母辨正""前后鼻韵母辨正"等章节，重点是 en 与 eng、in 与 ing 的对比发音，并且在朗读中反复对比练习。

声调是音节中最具有区别意义作用的音高变化，还可以产生节律美感。说方言让人觉得普通话不标准，主要原因是没有掌握标准四声的发音技巧，而是用了超出四声的调（如常州音系声调共 7 个：阴平、阳平、上声、去声、阳去、阴入、阳入）。因此，教材中有"调值和调类""拼读训练""普通话的轻声""普通话的儿化""普通话的变调"等章节。

老年人学拼音的关键是要读准字音。只有读得标准，才能拼得正确。因此一定要搞清楚发音部位，掌握发音方法和技巧，为读准字词奠定基础。学习任何一种语言,都必须有一定的练习量,学习拼音也是如此,需要反复拼读。教师要及时点评,学员要及时纠错。反复互动、反复练习,可以使学员的拼音水平及普通话水平真正得到提高。

(二)要有顺序

要有顺序就是相互衔接、由易到难、由浅入深的安排,包括学习者的学习与研究的难度、深度、广度的顺序要求;就是层层递进,这里的"层"是学期、学年的知识与认知系统的相对独立与彼此衔接,而这里的"进"就是层与层之间的提高、发展要求。

只有根据学习者认知发展的水平与特点,有序、渐进地提供程度合适的内容,才能让呈现难度的增加伴随并推动认知深度的发展;因为通过丰富多彩的内容呈现形式、方式,可以极大地拓宽学习者认知视野、扩大认知的广度。认知的深度与广度,就是从"纵"与"横"两个维度,有力、有序地推动着学习者素养的发展与提高。

1.教材整体安排要有顺序

先拼音再朗读,由基础到应用。其中拼音学习,先声母再韵母,由易到难。韵母学习从单元音韵母到复元音韵母,从前鼻韵母到后鼻韵母。朗读内容先诗歌再散文,循序渐进。诗歌,从古体诗、近体诗到现代诗,近体诗从绝句到律诗;散文,从写人记事到写景抒情,再到叙事议理;等等。

老年大学的"拼音与朗读"主要是为了提高学员在有文字凭借的情况下,运用普通话语言的规范程度和熟练程度。具体说,包括声、韵、调等音节要素的准确发音,包括轻声、儿化、变调,语气词"啊"的变读等音变要素的发音,还有停顿、重音、速度、语调等朗读要素的运用等。也就是将静态的词语变成动态的言语,这就必须通过使用普通话朗读来实现。

朗读训练很重要。朗读是一种反复的口头训练,是学习汉语拼音的重要环节。教材中有四分之三的朗读篇目是容易上口的绕口令和诗歌;四分之一的朗读篇目是美文,而美文的字数加起来是远远超过诗歌的。学员通过反复朗读,有助于量的积累,形成良好的语感,掌握正确的语流音变;明其义理,悟其趣味,读之如出己之口,如出己之心,在陶冶情操的同时为读准字词奠定基础。

2.范例选择要有顺序

教材案例的选文要注重典范与代表。典范就是作为例子是同一类中最好的,代表是说例子具有代为说明的价值。教材案例因为是典范的,所以学习这样的一个个案例,就是获得进一步发展的一个个支撑点,由此逐步积累构筑起认知大厦;因为是代表性案例,所以解剖一个案例就能够"举一隅而以三隅反",由此形成正确的推断、探究、发现。

我们教材中的朗读材料,有单个作者的作品,如朗读李白、杜甫、白居易等大咖的诗;也有围绕一个主题朗读节选作品的,如歌颂母爱、亲情,自然、幸福等主题的美文;有选入中小学教材的绝句、律诗;朱自清的散文《背影》《春》《匆匆》等;还有《散步》《朋友和其他》《读书人是幸福人》等国家普通话等级考试的朗读作品。另外第四版教材增加了二则"感动中国颁奖词"的朗读,第五版教材及时更新。学员通过反复朗读这些语言的精华,受益匪浅。

3.作业设计要有顺序

课后作业是教学环节中必不可少的一部分,是教师针对当天所教内容以及学生接受情况有针对性地布置的习题。因此每次课后的作业都要精心设计,不在量多而在精,要有针对性、实用性、拓展性。《拼音与朗读》课后作业都是复习拼音并朗读诗歌。如现代诗词朗读第三课(教材第 124 页):朗读臧克家的《有的人——纪念鲁迅有感》。课后练习专门选了鲁迅的《自嘲》。课后作业是这样的:本讲的主题是"人生"。由《有的人》的"有"yǒu 音,复习韵母 ou、iu,朗读鲁迅的《自嘲》。(注:诗歌中划线加黑的字是要求注音的)

运交华盖欲何求,未敢翻身已碰头。

破帽遮颜过闹市,漏船载酒泛中流。

横眉冷对千夫指,俯首甘为孺子牛。

躲进小楼成一统,管他冬夏与春秋。

三、教材要注重实效,成果延伸终身受益

教材案例的成长性是一种客观的成长性,表现在学生身上就是素养的成长。案例在学习者身上所产生的近景与远景的发展效应,就是案例的成长性。具有近期或短期成长效应的案例,是近效或短效案例;具有远期或长期成长效应的案例,就是远效或久效案例。影响案例学习效应的因素很多,诸如教法、学法、用法及案例本身的价值,如何选择、支配案例都会直接影响到案例的成长性。

教材要联系实际、源于生活并服务于生活。如教材中有给老年大学的办学宗旨注音,有给充满正能量的名言警句注音等。此外,还

有如何用拼音打字,用语音转换文字发短信、QQ、微信、微博等。短信的内容紧扣生活,如"我在买菜,一会儿就回家""老伴,今天儿子不回家吃饭,咱们晚上吃面条吧"等。学员们学会了用拼音或语音发短信,很有成就感,甭提有多高兴了!

由于新冠疫情影响,学员上了不少网课。虽然少了在教室上课时的那种互动,但教材中以一个个主题来安排的朗读文章就显得特别有人情味,特别接近生活,给了学员更广阔的展示空间。如"世界读书日"朗读作品《读书人是幸福人》,母亲节朗读作品《母亲是一种岁月》,端午节朗读屈原的《橘颂》,父亲节朗读作品《背影》,等等。有学员将那些应景的朗读作品制作成音视频文件发在班级群里请老师、同学点评、欣赏。教师也把领读过的《声母歌》《韵母歌》《四声歌》等用手机的录音功能,以较慢的语速再录制一遍,发到班级群里,便于学员收藏及业余时间跟读练习。那些请假没来上课的学员也可以看录播回放。这样的课后延伸、拓展颇受学员的欢迎。

实践证明,学员通过对"拼音与朗读"课程的学习在实践中有良好的运用。主要表现在三个方面:第一,学员在手机及电脑上能够利用拼音输入或语音转录准确录入汉字,具有实用性;第二,应用拼音和朗读知识在家庭教育中发挥正确指导晚辈的作用;第三,参加社区及学校的大型活动,展示自我、服务社会。所有这些都与教材密不可分。

人文素养的提高使得学员终身受益。以课程班级为主要成员组成的"文学朗诵"社团,在第二课堂发挥了积极作用;在学校教学成果展示活动、校园社团展示周活动中,有出色的表现。社团多次走入社区开展诗词诵读活动,部分社员与常州前后北岸社区合作开展大型

老年教育集团化办学的意义及其实现模式

王亮伟

一、问题的提出

我国的老年教育发展已有四十多年,但与我国其他类型的教育相比,从规模、结构和质量来说,仍处于发展的初级阶段。这既有客观上的外部原因,当然也有自身内部的原因。从《中国老年教育发展报告(2019—2020)》中分析,老年教育发展问题目前主要集中于以下几个方面:一是老年教育发展不平衡,城乡差别较大;二是老年教育发展不充分,供需矛盾比较突出;三是"多龙治水"、各自为政,老年教育管理体制不完善;四是办学经费来源单一,投入严重不足;五是信息技术应用不足,网络化信息化建设普遍滞后;六是教学、科研、管理人才匮乏,队伍建设仍待加强。

上述问题既是一个积重难返的历史老问题,又是当前推动老年教育发展必须认真对待和解决的新问题。不难发现,所述问题的关键,主要集中在老年教育的资源及其配置问题,资源的不充分、不平衡已经成为长期阻碍老年教育发展的最大难题。如何破解这个难题?我们可以通过借鉴其他教育类型的发展路子,来积极探索和发展老年教育集团化办学模式,发掘和重组老年教育资源,进一步推动老年教育在新形势下的高质量发展。

二、老年教育集团化办学的内涵

(一)什么是集团

《现代汉语词典》对"集团"的定义是"为了一定的目的组织起来共同行动的团体"。对"集团"做了比较详细解释的是在 1989 年出版的《社会科学大词典》,即"根据特有的性质而组织在一起的群体,通常说来它具有下列特征:一是集团内制订了明确的规范与规则,且集团成员共同遵守;二是集团各成员的地位和角色有明确的分工,并达到制度化;三是拥有一定数量的成员,且所有成员对集团都有归属感;四是有一定的需要达到的功能或目标;五是集团总有一定的持久性,不是瞬时就散去的"。书中还特别指出:"由于集团各成员间具有相互依赖和制约的关系,在受到外界因素的影响下,集团内各成员具有一致的情感、意向、态度反应甚至行为反应。"可以看出,这个释义较为详尽地对"集团"进行了定义和分类。

在进入现代经济社会后,企业集团率先成为一个经济组织形式并得以快速发展,"集团"也被纳入经济学的范畴。我国的高等教育、职业教育、基础教育在完成基本建设任务后,都有推行集团化办学的过程,它们"跳出教育看教育""跳出教育来发展教育",其较多的是借鉴了经济理念和企业集团管理经验,并以此推动各类教育的蓬勃发展。为此,老年教育同样可以借鉴甚至复制其他教育类型的集团化办学理念及其模式。

（二）老年教育集团化办学的含义

老年教育集团化办学在我国尚属新生事物,还在初级探索时期,现在给老年教育集团化办学一个精准而全面的定义存在一定困难。为了推进研究和发展,目前仅能根据老年教育发展的实际和集团化的含义,参考其他教育类型集团化办学的提法,做出老年教育集团化办学的界定,即"指具有两个或两个以上的法人单位或涉老机构、相关组织自愿组成的集合体,分别以老年教育理念、学科、课程、品牌、师资、场所、管理模式、互补服务和跨界联合等为纽带,将老年教育领域中分散的学校(办学点)和相关组织或机构以集团形式有机地联结起来,形成适合集团的管理运行机制和保障机制"。

上述定义,具有三个方面的实际考虑。一是参与老年教育集团化办学的成员身份,既可以是法人,也可以是非法人;可以是学校(办学点),也可以是其他企事业单位;可以是相关的一般机构,也可以是相关的团体组织。这符合当今我国老年教育构成成分的多元化和涉老机构的多层次性。二是参与集团化办学的内容构成,既考虑老年教育内部的资源要素,也考虑来自外部的资源要素,具有广泛性和互补性。三是集团化办学的形式构成,既有办学涉及的诸多元素,又有管理运行和办学保障方面的机制等,体现了集团化办学的发展性和可持续性。

老年教育集团化办学,就是要统筹老年教育集团内部的各种要素,充分发挥老年教育单位和机构的主体作用,明确成员间各自的分工和合作,从而实现集团化的聚合效应目标。

三、老年教育集团化办学的客观意义

(一)政治意义

在人口老龄化背景下,老年人产生的诸多问题,均可通过发展老年教育的内涵以及实现内涵的模式来加以解决。对于老年人而言,老年教育对他们的生命价值和生活质量都能产生积极的影响。目前,我国的老年教育整体发展较快,但是教育资源的不充分、不平衡,仍然制约着老年教育的高质量发展。这一方面需要社会各界转变思想观念,重视和支持老年教育;另一方面需要全社会行动起来,为老年教育资源的整合提供帮助,让已有的教育资源"活起来""用起来"。由此,老年教育集团化办学应运而生。发展老年教育集团化办学,有利于提高老年教育质量,适应老龄社会发展趋势的客观要求;有利于创新老年教育发展模式,提升老年教育发展后劲;有利于突破老年教育发展瓶颈,实现老年教育资源利用最大化。

(二)经济意义

从企业规模经济理论出发,可以看到老年教育集团化办学存在规模经济效益。所谓集团化办学,就是将分散的教育资源整合起来,产生规模效益,从而获得发展的最佳途径。

能否获得老年教育集团化办学的规模效益,关键在于集团内各成员所拥有的教育资源是否得到了充分的利用和发挥。现实中,各个成员单位(组织)教学水平参差不齐,但优势和特色各不相同,可使资源优势互补,将这些本来毫不相干的资源加以整合。例如:通过集团化办学的运作,可以分享共用物资来减少资金、人力、物力方面的投入,降低办学成本,可以统一招聘、调配教职工,统一招生宣传引导学员课程分流,统一制定规章制度,统一进行教学管理和学籍管理,统一课程和课程教学要求,统一使用教材,统一与政府部门或相关组织进行沟通和协调,等等。

（三）教育意义

老年教育的办学质量目前仍低于其他教育类型,究其原因,较大程度上要归结于对老年教育的规律和方法研究不够。在办学过程中,老年教育往往忽略了自身作为一种教育类型,应随着经济社会的发展而进行系列的配套改革。组建老年教育集团,可以让办学实力强、水平高的学校参与其中,较好地发挥其示范、辐射作用,带动其他成员共同发展和进步,从而在较高基点上促进老年教育的新一轮改革。老年教育的改革创新,仅靠一家"单打独斗",是难以完成的;这既要依靠所在单位的教师团队,又要依赖集团人才的集约优势。

（四）社会意义

老年教育资源可分为自身资源和外来资源。自身资源分为有形资源（人力、物力、财力等）和无形资源（文化、声誉、信息等）。合理配置、使用、整合老年教育内外资源并达到共享,是老年教育集团化办学所要实现的社会化目标。参与老年教育集团的各个社会单位（组织）成员,通过合理分工可为老年教育提供更具合成性的优质教育资源。例如,可实现人才的优势互补,也可实现空间和地域的优势互补,更可实现集团内部科学管理的优势互补。

四、老年教育集团化办学的现实可行性

从目前老年教育发展现状看,我国老年教育集团化办学的宏观环境、政策导向、实践探索和经验借鉴等条件已经基本具备。

(一)老年教育集团化办学的客观环境

老年教育是满足老年人精神文化需求的重要手段,是我国教育事业和老龄事业的重要组成部分。四十多年来,我国老年教育在思想认识、重视程度、办学规模、办学质量、社会效益等方面都得到了质的提升,走出了中国特色老年教育发展之路,在服务社会治理、服务国家战略方针、提高老年人生活生命质量等方面的作用日益凸显。党的十九届五中全会通过的《中共中央关于制定国民经济和社会发展第十四个五年规划和二〇三五年远景目标的建议》提出"实施积极应对人口老龄化国家战略",对新时代老年教育的持续健康发展提出了更高的要求。在启航"十四五"、全面开启建设社会主义现代化国家新征程上,面对数量快速增长的老年人群及其旺盛的学习需求,老年教育进入了发展的快车道。可以说,政府的高度重视、老龄社会发展的客观要求为老年教育集团化发展创造了良好的宏观环境。

(二)老年教育集团化办学的政策导向

近年来,国家出台了一系列加快老年教育发展的政策文件,如2016年出台的《中国老年教育发展规划纲要(2016—2020年)》,是我国有史以来第一部为老年教育颁布的专项规划,对未来我国老年教育发展起到了较大的促进作用。其中强调以"建立健全继续教育体制"为依托,解决老年教育的领导管理体制机制问题;以"构建灵活开放的终身教育体系"为根据,实现老年教育的"三个延伸",即向城乡社区延伸,向高等学校延伸,向企事业单位延伸,在延伸中发展远程教育,形成开放式、跨越式大发展的新格局。其中,首次提出"加强老年大学与社会教育机构的合作,组建老年教育联盟(集团)"。

2021年11月,中共中央、国务院公布《关于加强新时代老龄工作的意见》,强调"实施积极应对人口老龄化国家战略,把积极老龄观、健康老龄化理念融入经济社会发展全过程,加快建立健全相关政策体系和制度框架",并在第十条专门提出"扩大老年教育资源供给"。就扩大资源供给,《关于加强新时代老龄工作的意见》谈了资源的统筹、来源、内涵、平台和服务等方面内容,强调要创造有利政策条件实现老年教育与企事业单位、高等院校进行合作,这必将对老年教育集团化办学起到助推器作用。

(三)老年教育集团化发展的实践探索及经验借鉴

近几年,全国许多地方积极探索老年教育集团化办学的路子,并形成了相对成熟的做法。2017年哈尔滨在全国率先推出老年教育集团化办学模式,构建老年教育"1+X"办学体系,即以哈尔滨老年人大学为依托,联合X个相关老年教育机构,并按社区、非社区和远程教育三个系列分类,为哈市各级各类老年教育机构提供优质课程资源服务。福建三明市充分利用各种社会资源开展校企(单位)间的联合办学、开放办学、创新办学,呈现出多层次集团化办学的模式:一是利用老年大学师资、管理优势,与有生源、有场地的团体联办教学点,方便更多老年人就近入学;二是利用老年大学生源、校舍优势,与有师资力量和教学资源的对口业主联办专业班,培育理论与实践紧密结合的精品专业;三是利用老年大学涉面广泛的人际优势,与有人文景观、热心助学的单位联办教学实习基地,为学员提供学习和实践平台;等等。江苏常州老年大学通过"上挂、下联和横向合作"的途径,实现集团化办学,达到老年教育资源的扩展和共享,其"上挂"主要是向外索取老年教育资源,主动与在常高校、科学研究院等寻求合作;"下联"主要是向外输出资源,向基层社区拓展,向养老机构延伸;"横向合作"主要是互补资源,主要与同类学校和机构取长补短、共享共赢。该校创新方式和方法,既有紧密型合作形式,又有松散型联合方式;既有一般性、短平快的合作项目,又有长期性、系列化的办学项目等。

除了老年教育领域外,国外老年教育及国内的高等教育、职业教育和基础教育均有集团化办学的成功经验可以学习借鉴,这些都为老年教育集团化办学的发展创造了理论和实践上的坚实基础。

五、老年教育集团化办学的主要实现模式

(一)校际联盟的"1+N"模式

这种集团化办学模式是依托原有名牌老年学校,将其教育品牌与同类薄弱学校融合,进行品牌复制,形成具有名牌学校特色的教育集团。一般将其称作"1+N模式"。联盟主要在校际进行,并吸引更多的社会资源参与其中。其特点是:以名牌学校为核心,带动集团内成员共同发展;合作形式较为简单,主要以名牌学校输出人才管理经验等无形资产促进集团发展。其优势为:一是集团内各成

员都能享受到原有老年学校的品牌优势,迅速扩大集团的规模和效益;二是在既有的成功管理经验和教学模式上进行"复制",加快共同发展。

（二）区域联合的"总校（中心校）"模式

通过政府的行政手段对老年教育资源进行整合,将乡镇（街道）、村（居委）等连片社区,按区域建立老年大学总校或中心校,下辖若干卫星校和社区办学点,实行总校"一元化"领导体制。其特点:一是建立总校统筹下的课程体系,分门别类地制订课程标准,便于老年学员选择;二是建立专兼职教师队伍,统一培训,并在总校内部进行合理流动;三是推行学员"走校制"和"弹性学制",施行"学分银行"制度,总校和各卫星校"学分互认"。其优势为:政府实行统一规划和投入,统筹各方积极性;避免重复建设和资源浪费,促使区域教育资源协调发展,满足"家门口"老年人的多样化需求。

（三）校企联盟的"养教结合"模式

该模式注重"老有所养"和"老有所学"之间的互补优势,实现老年教育和养老事业的资源共享,达到集团内校企双方的互利共赢和养教需求的无缝对接。这里面,养教双方是相互依存不可分离的两个主体。其特点:一是养教结合宜形成独立的、层次化的特殊办学体系;二是集团内各成员间采取契约、有偿和无偿服务、订单合作的方式,学校为养老企业提供人才、课程及信息,企业向学校投入资金、场地及设备设施。其优势为:校企之间的资源得以重组和优化,通过校企互动,使得集团化办学符合老龄社会发展需求。

(四)城乡联动的"以城带乡"模式

老年教育发展,乡村是薄弱点,乡村学习点或农村老年活动中心大多"名存实亡"。这就需要利用集团优势和纽带,以城带乡,上下联动,合作办学,一体发展。其特点:一是像精准扶贫一样,城市老年学校按乡镇划片,包干负责,指导办学;二是由政府统筹,加大投入,乡镇负责提供场地和人员组织。其优势为:实现集团成员间的互利共享,有效地增强老年教育对乡村老人的吸引力。同时,利用集团平台,在农村乡镇办分校、办班点或远程教育点,推行教学一体化。

(五)上挂下联的"跨界合作"模式

这是从老年教育的外部寻求合作,充分利用来自社会的各种教育资源。其合作方式因校而异、因地制宜。其特点:一是"上挂",主要是寻求外部教育资源,如与政府行政部门、地方高等院校、职业学校和教育、文化、体育机构以及相关企事业单位合作;二是"下联",主要是向外输出教育资源,除了建立校际联盟外,主要向社区提供教育服务。其优势为:一是在老年教育资源相对缺乏的情况下,"借鸡生蛋""无中生有",促使老年教育规模化发展。二是下联很重要,尽管老年教育自身缺乏资源,但可以通过老年学员的第二、第三课堂及志愿者,向社会输出教育服务。

(六)课程群协同发展的"集群对接"模式

老年教育的核心在于课程,课程合作是解决老年教育高质量发展的关键。通过课程的"集群对接",形成课程的集团化办学优势。例如,可按学科或课程分设协作委员会或协作组,将本地同类学科或课程教师纳入区域课程群发展的课程管理组织。其特点是:集团化合作更趋精细化,相关学校的课程互相对接形成课程群,让课程教师更有话语权。其优势为:提升了同类课程研究开发和服务能力,形成了集约化的聚合效应,有利于提高该学科或课程的教学质量和水平。

(七)远程教育联盟的"空中课堂"模式

老年教育的"空中课堂",往往由技术平台、名师资源和课程资源构成,若仅靠一所学校是难以如愿的。因此,建立集团化的"远程教育联盟"很有必要。其特点是:一是共建共享远程教育技术平台。二是充分挖掘并提供优质教师资源。三是共同建设和管理课程资源。其优势为:一是通过合理分工,调配集团内部各种人才,如设有"空中课堂"设计师、负责人,有专人负责师资统筹、课程统筹、招生统筹和教学统筹等,还有技术后勤保障人员等;二是课程规模大,服务面广泛,社会效益明显。

当然,老年教育集团化办学模式在实施过程中并不是单一的,往往是交叉或综合使用的。其模式是动态发展的,不是一成不变的。相信更多参与老年教育的研究者和实践者,通过重视对老年教育集团化办学的思考,发展和总结出适合我国老年教育集团化办学的实现模式,将老年教育集团化办学建成高质量、低成本、创新共赢的有效载体。

获奖情况:本文荣获 2022 年首届全国老年大学校长高峰论坛征文一等奖。

校际联盟的"1＋N"老年教育集团化办学模式的构建与实施

一、老年教育集团化办学的实施背景

我国的老年教育发展已有四十多年，与我国其他类型的教育相比，无论从规模、结构，还是从质量来说，仍处于发展的初级阶段。从《中国老年教育发展报（2019—2020）》中透析，老年教育发展问题目前主要集中于以下几个方面：一是老年教育发展不平衡，不同区域、城乡差别较大；二是老年教育发展不充分，供需矛盾比较突出；三是"多龙治水"、各自为政，老年教育管理体制不顺；四是办学经费来源单一，经费投入严重不足；五是信息技术应用不普遍，网络化信息化建设普遍滞后；六是教学、科研、管理人才匮乏，队伍建设仍待加强。

上述问题既是一个历史老问题，又是当前推动老年教育发展必须认真对待和解决的新问题。集团化办学是解决目前我国老年教育发展不均衡、基层和社区老年教育发展不充分和相对薄弱等问题，以此来满足人民群众对优质教育需求的有效模式。集团化办学对激发老年教育集团内部成员校的办学活力、发挥优质学校的示范和辐射效应、统筹配置老年教育资源等方面，有着明显的促进作用。

二、老年教育集团化办学的构建

1. 基本内涵

本文所指的集团化办学不同于其他教育类型的教育集团。鉴于老年教育自身的属性,目前采取校际的协作与联盟形式比较妥当。文中集团化办学采取的是组织结构相对松散、内在项目深入协作的模式,是在平衡两种关系的过程中形成的一种全新的有效协作模式。根据当下已进行的研究和实践,我们认为老年教育集团化办学模式可以有以下七种:校际联盟的"1＋N"模式、区域联合的"总校(中心校)"模式、校企联盟的"养教结合"模式、城乡联动的"以城带乡"模式、上挂下联的"跨界合作"模式、课程群协同发展的"集群对接"模式、远程教育联盟的"空中课堂"模式。事实证明,在上述模式中的校际联盟的"1＋N"模式,具有相对的普遍性和推广意义。老年教育集团化办学模式在实施过程中并不是单一的,往往是交叉或综合使用的。而且,其模式是动态发展的,也不是一成不变的。

2. 主要特征

本文着力探讨的是校际联盟的"1＋N"模式。在对集团化办学的内涵进行深入审视与分析的基础上,我们认为,该集团化办学应具有以下特征:一是依托原有名牌老年学校(也就是"1"),将其教育品牌与同类薄弱学校(这里指"N")融合,进行品牌复制,形成具有名牌学校特色的教育集团;二是合作形式较为简明,主要以名牌老年学校输出人才管理和相关教育资源等,促进集团发展;三是立足于一个核心点,增强集团成员互信,搭建区域老年教育共同发展的大舞台;四是着力于 N 个项目组,有校校合作,也有校企合作、校政合作,这既增强了"1"的自身发展优势,又扩大优质教育辐射面,弥补了现有集团化模式单一的问题。显而易见,该集团化办学旨在探寻学校之间能够深度融合、有效增值的"1＋N"模式,力图通过强弱携手、深入融合,做到"以强带弱""以先进带落后""以典型带一般",推动优质校在管理、师资、课程等方面的资源输出,为薄弱地区、薄弱学校和相关养老院的持续高质量发展提供动力,扩大优质教育的辐射面,满足社会对老年优质教育均衡发展的需求(见图 1)。

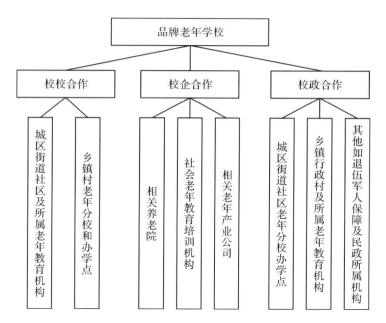

图 1　校际联盟的"1＋N"老年教育集团化办学模式

3.组织形式

鉴于集团化办学跨区域、跨行业和跨校际实际情况,集团合作形式采用松散型。具体由优质学校主牵头,请各成员单位派相关负责人参与。具体合作内容,按项目再组建相关工作组(协作组)。资金主要由牵头优质学校负责,由主管部门提供,涉及具体成员单位的必需资金,由各自提供。每年召开集团内部主要负责人总结交流会,平时由分管负责人或部门负责人参与具体工作。内部实行成员之间的总结表彰制度,并报市老年教育发展中心备案。

三、校际联盟的"1＋N"集团化办学模式的实施

1. 以课程建设为载体,形成1＋N模式的特色发展新路径

课程是学校教育的最重要内容之一。为此,常州老年大学着眼于课程建设的顶层设计,用优质的课程满足集团内部需求。学校8大系部分别为集团完成了15个专业的培养方案,并在培养方案指导下,科学建立各专业课程框架体系,构建各专业的课程模块,形成由公共基础课程任选模块、专业基础课程必选模块、专业分立课程选修模块和专业拓展课程互选模块组成的"金字塔式"老年教育课程结构。

在总体课程框架体系下,集团既积极输出课程资源,又积极挖掘集团各区域及成员校的课程资源,形成相互交叉和交融良性合作状态,让各成员单位根据实际形成课程特色。

金坛老年大学具有传承传统文化的书画、歌舞、锡剧、越剧、歌咏、戏曲、民乐、剪纸等特色课程;河海老年学校具有特色课程刻纸、空竹,其成效斐然;天宁老年教育集聚优质老年教育资源,引导优秀教师共同参与学校校本课程开发,建设具有本地域特色的本土化课程;新北区老年大学分层分段教学,日常教学中突出重点,坚持"少而精"的原则,加强教师对学员的一对一指导,增加教师和学员的互动;等等。这些在成员校中均有体现。

学校不在于强弱,课程不在于大小,优、特、适合的,就积极采用并纳入课程整体合作内容。

2.以师资建设为重点,激发1＋N模式的教师成长内驱力

学校是培养人的场所,集团运作的保障是拥有或统筹使用优秀的师资资源。为此,学校注重整合集团内部优质师资力量,盘活多校师资资源,促进校际、校企的优质师资共享,为教师和学校的持续发展蓄力。具体采取两条措施:

一是建立老年教育课程协作组。旨在通过课程协作组,探索老年教育集团化办学的新路径,推动全市老年教育在调查研究、课程开发、教材编写、教案推广、课题研究、师资建设、校际交流、活动开展、经验借鉴等方面工作的提升,促进老年教育集团高质量、全方位、多层次发展。

二是通过试行"常州市老年教育师资准入登记制度",举办老年教育师资入门培训班,随之建立老年教育师资信息库。其目的是引导集团内部教师学习老年教育理论知识,熟悉老年教育一般规律,掌握老年教育教学技能,了解老年教育政策法规,具备基本的信息化教学素养,能结合授课对象情况,对所教课程进行设计与改良,初步具备从事老年教育的职业能力与综合素养。

3.以教科研活动为核心,构建1＋N模式的教学建设新格局

教学质量的提升,课堂教学是主阵地。近年来,集团在一定范围,组织参加市老年教育线上公开课交流活动,推出10节老年教育线上公开课,累计观看达到10556人次。组织参加"规范课堂,提质创优"的全市老年教育优质课评比活动,以评促教,推动老年课堂教学研究,提升教学质量,集团成员校都共同参与,相互研讨,形成协作

共进的良好氛围。

集团注重引领教科研工作,组织参加老年教育2022—2023课题研究,并与全国、省级课题相结合,分层组织培训和专家指导,坚持教科研管理科学化、课题管理规范化,积极推动集团教科研工作。

推动公共基础课程的教材开发工作,集团内部共用共享,本年度出版了通识教材《常州优秀传统文化精要》《老年美育》等。

4.以社团活动为基点,推动1+N模式社区辐射的新方向

集团遵循老年学员再现社会价值的需求,在本校及相关成员校组建了多个社团。学校社团是教与学的最佳结合点,既是课堂教学的延伸,又是开展二、三课堂的平台。通过社团引导学员走向社会、服务社会,实现社会价值的再现。组织老年学员赴相关成员单位开展活动,走进社区、营区、干休所、医院和相关养老机构,在活动中发挥余热,这在一定意义上,缓解了老年教育资源不足的问题。

校际联盟的"1+N"老年教育集团化办学合作内容如图2。

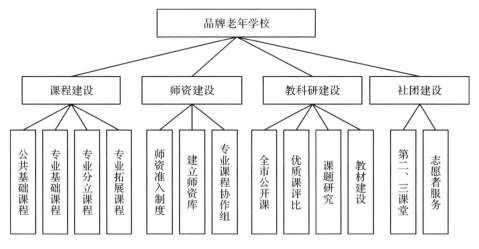

图2 校际联盟的"1+N"老年教育集团化办学合作内容

四、校际联盟的"1＋N"集团化办学模式的成效

1. 多层次强化阵地，优化供给环境

优化集团牵头学校的办学条件，不断优化和充实老年教育资源，推动老年教育集团化合作水平的提升，这是本案例的关键所在。常州老年大学占地 7 亩，总建筑面积 12500 余平方米，其环境规模不断扩大，教学设备不断更新，经费保障不断增长。其依托城区办学资源优势，挂牌成立薛家分校、军休分校、金东方分校、金坛南湖分校和其他办学点达 16 个，涵盖城区和乡镇，并将其特色活动场所纳入统一资源，按需求互为并无偿提供使用，由此拓展教学场地和办学空间。

2. 多途径探索路径，扩大供给总量

积极引导各办学单位因地制宜、分类施策，探索灵活多样的办学模式。

实体化办学，满足基层面上需求。常州老年大学结合师资规模、办学场地等实际，以自主"实体化"方式运行，满足全市面上最基本的就学需求和各成员单位师资培训需求，在集团内起到示范引导作用。

项目化办学，满足特定人群需求。在牵头校的谋划推动下，将特定办学任务组成项目，确定办学标准、投入资金、输送师资队伍，以"项目化"方式运行，侧重满足特定老年群体的教育需求。如为常州军休老年分校提供师资和课程，为其建设军休老年大学精品课程资源库；与常州老干部活动中心融合共建，确定每年培训、文化交流、作用发挥等系列合作计划，抓好老干部素质提升的培育和作用发挥的引导工作。

菜单式办学,满足特定区域需求。除开设基本课程外,积极挖掘本地特色教育资源,探索打造富有本地特色的"菜单化"课程,满足不同区域老年群体的学习需求。

3. 多领域统筹要素,提升供给质量

充分整合资源,让有限的教育资源实现共享互济、优化配置。师资共享,提供力量支撑。整合各校和社会机构的师资力量,打造老年大学内部共享的师资库。课程共建,丰富学习内容。面对老年人适应智能时代的困境,常州老年大学开放公益线上课堂,向各成员单位特别是社区、涉老机构提供"低成本、广覆盖"的课程服务,满足老年人"在家门口上老年大学"的需求,在"线上教学"中发挥了辐射延伸作用。天宁老年大学依托"幸福微学堂畅享智能生活"项目,在师资建设上,专兼并用,分类培训集聚人力;课程设置上,"长短"互补,凸显课程创新特色;实施模式上,"双线"结合,带动课程普及推广;学习成效上,"学用"交融,驱动学习质量提升。

五、校际联盟的"1＋N"集团化办学模式的创新

集团化办学是为了推进老年教育优质均衡发展的实践和探索,助推优质教育资源的存量盘活和增量上升,促进老年优质教育资源共用共享,本案例主要创新点如下。

1. 坚持问题导向,力求解决问题,不单纯"等、靠、要"

老年教育发展的瓶颈问题是发展不平衡和不充分,鉴于目前发展现状,单纯依赖外部的"等、靠、要"是不现实的,能否先从老年教育内部寻找发展新路径? 寻求新突破呢? 其中,推进实施校际联盟的

"1＋N"办学模式是解决当前老年教育发展"不充分、不平衡"问题的一个有效途径,它从老年教育内部激发动力,做到盘活存量,集聚增量。

2.创新合作形式,发挥牵头主动性,调动成员积极性

校级联盟的"1＋N"办学模式注重跨区域、跨行业、跨校际的联合与合作,采用校校合作、校企合作、校政合作,是适合目前集团化运作的最适合的方式,合作共担责任,成员共享利益。在集团内根据不同合作形式,有的统一招生宣传引导学员课程分流,有的统一规章制度加强管理,有的统一课程和课程教学要求,有的统一编制和使用教材,有的统一师生活动或交流,等等。

3.形成规范机制,加强统一协调,发挥最大效益

本集团由最早的办学机构的自发行为,逐步转入了规范科学的自觉行为。这就取决于主动争取党政领导和相关行政部门重视和指导。本市成立的老年教育发展中心,是市教育行政部门负责统筹协调老年教育发展的专门机构。通过请示和协商,该中心将推行集团化办学写进了《常州市老年教育"十四五"发展规划》和《常州市老年教育机构建设标准及评估细则》。另外,集团内部也通过签约和内部约定,形成了运作内容和方式,并建有集团秘书处,负责日常管理工作。

4.促进资源统筹,不求"出金钱",但求"出资源"

合理整合、配置和使用老年教育内外资源并达到共享,这是老年教育集团化办学所要实现的社会化目的。参与老年教育集团的各个社会单位(组织)成员,通过合理分工为老年教育提供更具合成性的优质教育资源。并在内部推行"互信互助""共赢共享"的合作理念,将合作成果共享,集团凝聚力、影响力更大。

第八章　视野国际化

中外老年教育比较研究

周　苗　陈　朦　王亮伟　魏　平

　　从 1973 年法国创立第一所老年教育机构至今的 50 多年时间里,老年教育随着人类文明的进步,随着各国经济社会的发展,已在世界各国不同程度地发展起来。由于欧美、亚太等地区发达国家人口老龄化的提前来临并日益加剧,老年教育相对起步较早,并形成了各自的体系和特色,取得了相当大的成就。我国的老年教育,起步虽晚但发展较快,不仅具有自身的价值取向,而且形成了独特的中国特色社会主义老年教育体系和结构。当然,我们应清醒地认识到,我国的老年教育在发展中还存在一些问题和困难,与国外的老年教育发展存在一定的差距。在全球化与多元化的形势下,我们要总结和分析欧美、亚太等地区发达国家老年教育的特点和成效,结合我国老龄社会的需求和老年教育的实践,经过比较研究,总结经验和教训,从而做到:一是增强对老年教育本质的认识,自觉地投入老年教育的改革和发展中去;二是有针对性地分析和解决我国老年教育长期存在的问题,寻求解决问题的办法和途径;三是比较国内外老年教育异同,互相借鉴、取长补短;四是加强国内外老年教育的国际交流和合作,增进国际老年教育领域的了解和友谊,推动老年教育事业的共同进步。

一、中外老年教育概念

老年教育是让老年人继续学习而进行的教育活动。它是整个教育事业的一个组成部分。老年教育不是为职业生涯做准备,也不是职业培训,既不同于普通教育,也不同于职业教育和专业进修教育,而是根据老年人的生理和心理特征进行的一种特殊教育。其目的是使老年人增长知识、开阔视野、丰富生活、增强体质、融入社会、完善生命。老年教育的对象是各个层次的老年人。

在老年教育概念上,中外老年教育界人士的认识和表述略有差异,但随着各国经济融合、交流合作,业已异曲同工、殊途同归。

20世纪中叶以后,人口老龄化问题在一些经济发达国家日渐突出。如法国、英国、日本等国家提出了"老年福利与教育结合",从人权平等享受社会福利的角度举办了"第三年龄大学""非营利性质老年人活动机构"等,并为老年人文化养老、精神养老提出了许多新课题、新要求。

随着世界人口老龄化的日益发展,老年人再学习、再教育、再社会化问题日益凸显,终身教育思想逐渐深入人心,这种认识的提出主要体现在1991年联合国通过的《联合国老年人原则》中,其中强调:"老年人应能寻求机会来充分发挥自己的潜力,应能获得社会所提供的教育、文化、精神和文娱资源。"老年人应与其他年龄的人们共享教育的权利。各个国家应当探索、制定和完善可以提升老年人生活品质的老年教育实施方式及其内容,重视老年人的特性,结合自身实际教育情况与老年人自身需求,各自实践"健康老龄化(healthy aging)"的理念。

终身教育如何进行？作为老龄化较早且老年教育比较发达的英国、美国和日本，在这方面进行了积极探索，并积累了丰富的理论和实践经验。这些国家老龄人学校和第三年龄大学分别建立了机构式或非机构式的教育场所，积极为老年人提供学习和聚会的地方。这些教育场所通过有目的的教育活动使老年人掌握消闲知识和技能，使其专长和爱好得以发展和延伸，使其生活更加丰富多彩。并在学习教育中提高老年人的文化素养和适应现代社会的能力，使之成为现代新老人，从而提高老年人的生命质量和生活质量，提高晚年生活的幸福度。

在中国，对老年教育概念认识是有一个过程的。老年教育的目的从最早的单纯休闲养老、消磨时光，到丰富知识、陶冶情操，再到成为终身教育的一部分，让老年教育立足培养现代合格老年人。2012年，中国共产党第十八次全国代表大会报告中提出"完善终身教育体系，建设学习型社会"，给老年教育打上了"终身教育"的概念。《中华人民共和国老年人权益保障法》明确规定"老年人有继续受教育的权利"，而"老有所为、老有所学"则体现出老年人需要有社会参与度的理论方向。中国政府在全国各地积极改善老年教育的基础建设和师资力量，创办老年大学，并根据各地不同的基础环境开设多渠道、多层次、多方位发展的老年教育。在西方第三龄理论的影响下，中国在20世纪80年代就着手老年大学的创办和老年教育理论的探索与实践。这是中国老年教育积极老龄化目标的体现，也是积极老龄化向健康老龄化的重要转变。

进入21世纪以来，在全球化与信息化的驱动下，老年教育在世界范围得到了蓬勃发展。"终身教育"概念逐渐成为世界各国老年教育的共识。尽管各国老年大学名称不同，但老年教育原理最后都逐步同化了,就是通过老年教育使老年人适应退休后所带来的各种变化,满足老年人寻求心灵和精神寄托及自我实现、自我超越等需求,达到提高老年人生活、生命质量的目的。老年教育已经从老年人享受娱乐型教育向学、乐、为结合型教育方向演进。

二、国外典型国家的老年教育主要特征

(一)国外老年教育起源

20 世纪 80 年代,人们的生活水平日益提高,随着医疗卫生水平的增长,人类的平均寿命也极大延长。而生活理念的转变导致了生育理念的转变,很多国家生育率下降、人口呈现老龄化,这种现象首先出现在欧美发达国家,并且日益严重。在这种背景下,进入人口老龄化的国家纷纷开始采取不同的措施以应对挑战,老年教育逐渐成为各国关注的焦点。

1973 年,皮埃尔·维勒斯教授在图卢兹大学创办了世界上第一所第三年龄大学(University of the Third Age),即老年大学。法国的这一所第三年龄大学的创立,标志着世界老年教育的正式兴起。在其影响下,老年教育在发达国家中人口老龄化较为严重的欧洲和北美洲逐渐发展起来。美国从 20 世纪 70 年代中期开始,相继开办了退休学习学院(Institutes for Learning in Retirement,ILRs)、"老人游学营"(Elder Hostel)、老年人服务与信息系统(Older Adult Services and Information Systems,OASIS)等老年教育机构;英国在 1983 年创办了国内第一所第三年龄大学,并且成立了全国第三年龄大学学会,它的分支机构遍布全国;加拿大在正规大学设立老年教育中心;

澳大利亚在 1984 年成立了第三年龄大学;芬兰在法斯屈大学的暑期班创办了第一所资深公民大学;等等。

为了沟通交流办学情况,1975 年国际第三年龄大学协会(AIUTA)成立,由世界第一所老年大学创始人皮埃尔·维勒斯任协会主席,如今国际第三年龄大学协会已经成为一个大型国际专业学术团体。它组织会员共同探讨世界各地老年大学的办学规律、办学方法、教学内容和教学特点,以推动世界各地老年大学的发展。

如今,以第三年龄大学为主流的老年教育已经相当普及,形式各样的老年教育活动在各国积极开展起来,发展老年教育成为当今世界方兴未艾的热潮。

(二)国外老年教育价值观

发展老年教育是各国积极应对人口老龄化挑战的最主要措施,也是提升老年人生存和发展质量,实现积极老龄化、健康老龄化的重要手段。以英国、美国、日本为代表的国外老年教育通过政策法治化、建立各种制度政策,重视老年人的受教育权利,拓展老年教育渠道,积极普及老年教育,促进老年教育发展。

以法国老年大学为例。他们在发展过程中,秉承三个"E"的宗旨。

教育(Education):面向所有上过大学和想回到大学学习一门新学科的人;面向所有在年轻时没有机会上大学并打算在退休后上一回大学以实现"梦想"的人;学校课程主要涉及大学相关科目。

交流(Exchange):与老年大学的教授和讲师进行交流;与参加课程与老年教育学科教育的朋友交流;与青年学生进行代际交流。

经验(Experience):青年学生和研究者可以从老年人丰富的经验

中得益;老年人在接触新科技和外语课程中从年轻人的知识中受益;通过国际老年大学协会,与世界各地老年大学进行经验交流。

法国老年大学的价值目标是:以跨学科研究和互动方法为主,通过优质的活动向学员提供维持他们智力、道德及身体财富的手段,即仅为兴趣性的,或从事智力、文化、艺术或体育活动的可能性;获得新知识的可能性;复习和完善过去成绩的可能性;丰富他们所受培训的可能性。

冰岛学者强调老年大学在增进社会凝聚力方面的价值作用。他们认为,社会凝聚力是指将社会成员之间具有的、借以团结整个社会的关系力量。它包含三个要素:社会融入、社会资本及社会流动性。谈及年龄,人们常常关注其带来的"各种难题"、养老事宜、社会负担,这会让老年群体有种被社会排斥的感受。实际上,他们在漫长而活跃的生涯中所积累的知识经验是全社会的重要资产,应当加以充分利用。为老年人提供工具和平台,使得他们能够利用自身的知识技能,继续在主流社会中参与活动,促进社会流动性,这将极大提升社会的包容度,增进社会凝聚力。而老年大学,正是这样的平台。

欧美许多老年大学积极宣扬一个办学理念——"为第三年龄与退休生活做及早准备"。基于此,由冰岛、波兰等老年大学合作启动了"鲍尔"项目,"通过终身学习,保持活跃积极"。该项目旨在为第三年龄和退休生活的及早准备上提供建议措施,认为当以个人为核心,鼓励民众像年轻时一样向自己发问:我是谁?我想成为什么样的人?我的兴趣、愿望是什么?我的优点在哪里?重塑自我,任何时候都不算晚。老年人同样可以承担新的职责,甚至开创全新的事业。第三年龄,是自由的年龄,是生命必然的转变。他们认为,这种态度会消除社会常见的排斥老年人现象,同时会释放重要资源以服务社会群体。如此一来,代际间可消除互斥,携手合作为全社会谋福祉。

从上可见,许多国家将老年大学作为一个重要平台,它为即将或已经退休的第三年龄人士提供重新审视自我、发展自我的机会,使他们能够融入社会、消除代际沟壑,并在老年大学的教育推动下,参与主流社会活动,承担新的社会职责。

(三)国外老年教育办学体制

在部分发达国家步入老龄社会之初,首先是由个人或民间组织发起老年人教育学习活动,随后才逐步发展成为政府行为。为了积极开展老年教育活动,许多国家通过制定法律法规、政策、措施来支持保障老年教育实施。国外老年教育办学体制逐步呈现多元化态势,在政策法规的保障下,继而走向专业化和科学化。目前,各国老年教育已形成各具特色、较为稳定的办学模式,大体可分为三种模式,即以法国为代表的政府投资型、以英国为代表的自治自助型和以美国为代表的社区型,具体内容如下。

一是政府投资型模式。以首创第三年龄大学的法国为代表,由国家投资创办第三年龄大学,并由教育部门主管,学校开支列入财政预算,并得到教育机构、社会福利机构、工会慈善团体及个人的大力支持。法国、芬兰、西班牙、瑞典、日本基本属于政府投资型。目前,法国有50余所各种形式的第三年龄大学。

二是自治自助型模式。以英国为代表,最主要的特征是由学员自主办学、自筹经费、自助管理、自行授课和组织活动。英国的第三年龄大学属于福利性组织,由老年人自发组织成立。学习经费来源于收取学费、慈善机构提供、企业资助等。管理者为学员，有专长的老年人都可以成为教师，课程根据学员兴趣和需要开设，自行组织各种学习活动。目前，英国这类第三年龄大学已超450所，拥有11万余名学员。英国、新西兰、澳大利亚、南非等国家均为这类模式。

三是社区型模式。以美国为代表，主要特征是以社区为依托，采取正规、非正规和非正式三种教育形式相结合的方式建立社区老年大学。其中，正规教育来自高等教育机构，非正规教育来自社区学院，非正式教育来自民间教育机构。美国的老年大学与英国一样，也属于非营利的社会福利性组织，但其与普通大学和学院建立了密切的联系。美国有很多的老年教育机构，包括退休学院、社区学院、老年活动中心、老年寄宿学校，这些都在美国老年教育体系中扮演着十分重要的角色。主要资金来源是靠当地大学和社会捐助。美国、加拿大等北美国家大多采取社区型模式。

除了上述三种模式外，各国办学主体也悄然发生变化。如法国形成了以政府投资为主体的第三年龄大学，也有非政府组织提供老年教育办学；英国形成了由志愿者团体、专业教育机构和地方当局提供老年教育办学；日本形成了由政府福利部门、教育行政部门、高等教育机构、民间机构等提供老年教育办学。再如在高校中举办老年教育，这类老年教育分三类情况：一是在普通高校中开设老年班，实行灵活的教学计划，不布置作业、不参加考评，按正规大学的教学大纲开展广泛阅读；二是老年人跟班就读，在大学中加入老年教育，向社会老龄团体开放大学，由获得认可的大学向老年人提供课程，让老年人获得更好的教育，甚至获得相应学历和学位；三是在普通高校中开设第三年龄大学，实行更加灵活的教学计划，学员可以参加系列讲座、各类研讨班,行动不便的老年人可以参加"老年之家"学习活动。还有老年人自发组织的老年教育。以英国"自治自助式"老年教育办学模式为代表。学员自治自助,开发课程、教学、管理都由学员自主完成,将"教与学"融为一体。

不难看出,随着全世界各类老年教育办学机构的出现,国外老年教育的办学主体已经趋于多元化、多样化,各国办学主体和形式大相径庭,各显特色。

(四)国外老年教育法律法规

推行老年教育必定不能缺少法治基础,若只依靠行政命令,就会使得教育政策实施具有随意性和暂时性。一些发达国家依靠法律法规来保障老年教育的健康发展。

美国的老年教育政策由联邦政府制定法案,明确规定各项法规政策,各州及地方政府执行。美国的《老年人法》《综合就业训练法》《禁止歧视老人法》等法案的制定,是老年教育政策实施合法性的基础。英国是当代民主代议制度的发源地之一,具有地方分权立法的传统,所以英国的老年教育政策是以《盎格鲁—法兰西声明》《老年教育宪章》《老年人教育权利论坛宣言》和《老年人教育工作手册》等形式确定老年教育的基本方向,再由各地结合实际来制定具体实施方案。日本老年教育政策,主要体现在《终身学习振兴法》《高龄社会对策基本法》和《高龄社会对策大纲》等政策法规之中。

1982年,联合国第一届世界老龄大会通过的《维也纳老龄问题国际行动计划》指出,老年人接受教育是一种基本人权。此后,各发达国家重新反思老年人的受教育权利,积极为老年人提供教育资源和教育方案。20世纪90年代,日本将"构筑终身学习社会"作为改革目标;英国的《盎格鲁－法兰西声明》《老年教育宪章》《老年人教育权利论坛宣言》和《老年人教育工作手册》都有重视老年人教育权利的内容,强调教育平等。

目前,美国、英国、澳大利亚等多数西方国家把老年教育当作是一项社会福利事业,在政府的政策和财力支持下,开展了形式多样的老年教育活动。例如:美国教育法规定,老年人参与高等教育机构学习的,可以给予减免或奖助等。此外,有些国家还鼓励非政府组织机构开展老年教育活动,并给予补贴和设置专门的资金。

如果对国外老年教育法律法规做个界定的话,那么其核心是,受教育者的权利必须平等,不关乎年龄,这是人权的体现。

(五)国外老年教育课程设置

鉴于政策、文化的不同,各国老年教育课程内容的选择各有特点。从年龄角度看,美国的老年教育包括:退休准备时期的教育、退休后的教育和对待衰老与死亡的教育。退休准备时期的教育主要包括退休前的思想准备和对退休后生活的规划等;退休后的教育主要包括培养老年人的兴趣和能力等;对待衰老与死亡的教育主要包括如何积极面对衰老与死亡、周围的环境、人和人的关系以及对整个世界的价值、理念与认识。

在发达国家的第三年龄大学内,老年教育的主要课程包括健身课程、技能课程和理论课程。课程内容丰富多彩,主要包括美术、音乐、历史、科学、文学、计算机等。同时根据各国的国情和文化不同,又有很多特色课程。例如,英国开设了桥牌、刺绣课程,日本开设了温泉和生活、园艺、陶艺课程,韩国开设了务农课程等。葡萄牙课程主要是知识理论和实践课程(健康和保健、心理学、历史、艺术、哲学、地质、环境、生物和政治等)。

除了这些在学校、社区课堂内开设的正式课程外,还会安排社会实践活动、参观和旅游活动来开阔老年人视野,增长见识。日本的老年大学"十分重视入学仪式、毕业证书授予仪式、文化节、体育节、修学旅行等活动的教育影响;此外,学生的自主活动,例如学生会活动、兴趣俱乐部活动、班级活动等也受到高度重视。这些方面的活动在现代课程理论中被看作是一种潜在的或者隐性的课程"。

英国的老年大学认为,兴趣小组是老年大学的生命力所在。在英国,学员和教师组成全员大会,开展座谈和研讨会。学员之间根据兴趣结成小组,在教师的带领下,参与学习。兴趣小组分成两类:学习小组和活动小组。活动小组的理念是"保持身心活跃",具体分为歌唱、舞蹈、观鸟、健步、单车等小组。学习小组所涵盖的主题五花八门:戏剧、考古、历史、科学、地理等。学习小组提倡"自助式"学习,即通过阅读、讨论、辩论等形式完成学习内容。这种情况下,师生的身份似乎发生了转变:学员们分享自己的读书收获、发表自己的见解,教师则是倾听者、记录者。

无论理论型、知识型,还是技能型、活动型,国外的老年教育课程设置理念都是清楚的,要适合老年人,符合国情,体现本民族特色,尽显课程的内涵意义。

(六)国外老年教育办学效益

老年教育办学效益的内容主要涉及三个方面:一是表明数量方面的对比关系,二是具有一定的质量要求,三是达到一定的社会适应性规定。

以此观察国外老年教育事业的发展,总体上是符合老年人实际情况的。例如,老年人力资源的开发,让老年人参与社会事业并服务社会,实现老年人再社会化,已成为老龄化国家发展老年教育的主要成果运用。许多国家通过教育手段使老年人再学习、再就业,有效缓解老龄化严重导致的就业难题,减轻国家和社会的压力,而且可以创造可观的社会财富。

同时要看到,即使是欧美、亚太发达国家,接受老年教育的数量也是极不平衡的,办学规模普遍不大,小型、分散、多样是它们的主要特点。所呈现的办学效益也就不同。另外,从这些国家老年人的幸福指数看,同样差异较大。例如,欧盟每年都进行生活质量调查,从2012年对65岁以上老人调查表明,保加利亚、希腊、葡萄牙和斯洛伐克的满意率不到30%,丹麦和瑞典达80%以上,生活满意度和幸福感在不同国家有较大差别。正如预期的那样,收入低、健康状况差和失业是生活满意度调查中最主要的负面因素。在温饱问题解决后,能让老年人融入社会,平等接受老年人再教育,生活满意度和幸福感就会有较大提升。

美国著名人本主义心理学家马斯洛从满足需求角度出发,把人类需要分成生理需要、安全需要、归属和爱的需要、自尊需要、自我实现需要五个层次。老年人高层次需求,是需要继续社会化后真正融入社会才能实现的,老年教育成为老年人重新社会化的途径,成为积极老龄化的生活方式。这是国外老年教育界普遍追求的人权价值和社会效益。

三、中国老年教育主要特征

(一)中国老年教育起源

我国的现代老年教育起步较晚,但自古以来我国就有"活到老,学到老"的优良传统。晋国乐师师旷曾言:"少而好学,如日出之阳;壮而好学,如日中之光;老而好学,如炳烛之明。"古代教育学家颜之推也提出"老而学者,如秉烛夜行,犹贤乎瞑目而无见者也"。由此可见,我国自古以来就有终身教育的朴素思想,古代优秀的传统文化对我国现代老年教育事业的发展起着影响作用。

改革开放后,我国社会大步走向现代化,中国社会的经济水平发生了翻天覆地的变化。改革开放不仅拓宽了我国与其他国家间联系的桥梁,更是引入了一些国外的先进教育理论,如终身教育思想、成人教育理念等,经济的快速发展为政治稳定、社会安定提供了物质基础。当物质生活得到满足与保障后,精神生活的美好愿望就成为老年人的迫切追求,所以老年教育是满足老年人精神生活的最佳方式之一。伴随着我国一批批老干部、老职工从岗位上退下来,他们对自身角色的转换与适应都存在着一定的问题,如何安置他们的晚年生活、确保社会稳定便成为当务之急。他们需要一种新的生活方式去消除由离岗带来的空虚感与失落感。在这样的背景下,老年教育应运而生。

1983 年,标志着我国正规老年教育诞生的山东省红十字老年大学正式创立。随后全国的老年大学如雨后春笋般涌现,这时的老年大学多为安置退出工作岗位的老年人而办,其办学目的、发展方向、教育意义都不明确。随着老年大学越来越多地呈现出优秀的教育成果，为更好体现老年大学的价值与功能，发挥老年教育的社会作用，1988 年中国老年大学协会正式成立。中国老年大学协会的成立标志着我国老年大学（学校）之间联结成了一个体系，也标志着我国的老年教育进入了推进阶段。

（二）中国老年教育价值观

我国老年教育发展除了受人口老龄化和国际潮流影响外，老干部退休制度的出台也促进了老年教育的兴起。早在 20 世纪 80 年代，《中共中央关于建立老干部退休制度的决定》和《国务院关于老干部离职休养制度的几项规定》两个政策文件就明确了老干部离休后的生活待遇，同时指出，应"建立健全老干部工作机构或确定专人负责，做好为老干部服务的工作"。中国老龄问题全国委员会召开了第一次全国老龄工作会议，创造性地提出了"老有所养、老有所医、老有所为、老有所学、老有所乐"的老龄工作方针。鉴于当时的社会条件，"老有所乐"成为老年教育的重要内容。《中国老龄工作七年发展纲要（1994—2000 年）》指出：坚持走积极养老的路子；大力开展老有所为，倡导老有所学、老有所乐；坚持以"为"促"养"、以"学"促"为"，寓"养"于为、学、乐之中，促进老年人身心健康，丰富其晚年生活。由此可见，这些文件和政策都将老年教育的重点放在加强老年人文化工作、丰富老年人文化生活方面。《全国健康教育与健康促进工作规划纲要（2005—2010 年）》提出："适应老龄化社会的健康需求，加强城乡老年人群的健康教育……提高老年人群的健康水平和生活质量。"由此可见，党和国家非常重视老年教育工作，价值取向上表现出了明显的政治性和文化性，政策理念上坚持教育是老年人的基本权利，政策实践上坚持以康乐和丰富老年人生活为主要方向。

我国早期老年教育的价值体现为帮助老年人度过退休时间。老年教育在很大程度上被认为是一种闲暇教育,闲暇教育是"通过传授闲暇知识和技能,帮助人们树立科学的闲暇价值观,在信仰、态度和行为等方面发生变化,从而科学地、合理地利用闲暇时间,提高闲暇生活质量,最终实现自我满足和自我发展的终身的、连续的教育活动"。我国老年教育开设的课程涵盖了生活的方方面面,多样化的课程可供不同需求的老年人进行选择。老年教育的发展为老年人提供了一个平台。在这里,他们可以学习自己感兴趣的课程,通过有事可做、有事可学度过自己的退休时间。

20 世纪 90 年代以来,终身教育的理念开始影响我国教育的改革与发展。发展终身教育成为党和政府的一项新战略,为老年教育发展创造了新契机,老年教育也因此成为终身教育的最后一个阶段。党的十六大报告提出了"形成全民学习、终身学习的学习型社会,促进人的全面发展"的建设目标。党的十七大报告和十八大报告继续强调要建设全民学习、终身学习的学习型社会。在这些纲领性文件的引领下,老年教育受到党和政府的持续关注,国家在老年教育上进行了大量投入,促进了老年教育规模的壮大和受益人群的快速增长。终身学习成为指导老年教育政策制定和实施的重要价值取向。

现今,我国的老年教育已经不只是对老年人传授闲暇知识和技能,还传授给老年人在实际生活中遇到问题的解决办法,老年教育价值从满足精神生活转向满足老年人的精神文化与现实生活的双重需求。

（三）中国老年教育办学体制

1982 年，干部职务终身制被打破，大批老干部、老知识分子离开工作岗位，这些人员文化程度高、对继续学习的需求强烈。他们不但成为入读老年大学的主力军，还是当时创办老年大学的主要力量。当时所有的老年大学始创阶段都是由几名离退休老干部促成、经办的。其后陆续诞生的诸多老年大学，也多由政府的老干部工作主管部门主办。创办初期，中国的老年大学由于没有明确的统筹管理制度，缺乏资金支持和办学经验，发展步伐相对缓慢和艰难。不少学校仅由几名离退休老干部操持，很多学校没有规范的教学场地，没有足够的教具和专业的教师，有的学校甚至要到附近的中小学借黑板、借粉笔来维持课堂教学。随后，老干部工作部门开始关注老年大学的办学工作，为老年大学事业注入了动力。1988 年中国老年大学协会（CAUA）成立，开始对全国各地老年大学进行宏观协调。在中国第一代老年大学人的努力下，中国的老年大学逐渐走入正轨。据不完全统计，1985 年全国老年大学仅 61 所，1993 年上升为 5331 所。在老年大学兴起和发展过程中，存在一种普遍现象就是操办者、任教者报酬极低，有不少是义务劳动的志愿者。

20 世纪 90 年代中期，中国人口老龄化现象开始凸显，社会上老年人学习的需求日益增多，推进了老年大学在中国的加速发展。中国老年大学的数量在 1999 年上升到 16676 所，约 140 万名学员。随着各省会城市、大城市的老年大学示范校纷纷建立，一整套较为成熟和行之有效的办学模式在各地推广开来，中国的老年大学办学形势开始迅速扩张。到 2002 年，全国老年大学的数量上升到 19306 所，约 180 万名学员；而到 2010 年，则是 41887 所，约 480 万名学员；

2013 年,中国老年大学的数量约 6 万所。与此同时,在一些经济相对发达的地区相继出现万人(次)以上规模的大型老年大学。据不完全统计,截至 2023 年 11 月,中国老年大学的数量达到 7.6 万所,在校学员 2000 多万名。中国成为世界上老年大学教育规模最大的国家。

老年教育是政府向公民提供的基本公共服务。老年大学教育正逐渐成为体现社会文明进步的重要标志。中共中央及各级政府对老年大学教育的重视和投入程度也在稳步上升。在中国,大多数老年大学的经费来源于当地政府,老年大学仅象征性或低标准地收取学费(培训费)。近年来,各级政府不断加大投入,不少学校兴建了现代化的新校舍。

就我国老年教育办学模式来说,主要有三种。

一是老年学校(大学)是中国老年教育最重要的办学模式。进入 21 世纪以后,有些老年大学形成了多学科、多层次、多学制的综合性老年教育基地。2005 年,西藏老年大学的成立标志着我国省级老年大学全覆盖。2007 年以来,许多地区老年学校的教育环境和相应教学硬件有了很大改观,建起了高标准的教学大楼,配备了先进的教学设备。

二是社区老年教育也是我国老年教育的重要模式。《中国老龄事业发展"十五"计划纲要(2001—2005 年)》强调多渠道、多形式开展老年教育。各地为贯彻落实这一纲要,纷纷对社区老年教育工作做出了规划和部署。《中国老龄事业发展"十一五"规划纲要(2006—2010 年)》要求各地各级政府加大对老年教育的投入,促进非正规老年教育(如社区老年教育和老年社团)的发展。民政部启动"全国社区老年福利服务星光计划",至 2005 年底,该计划总投资 134 亿元人民币,建成"星光老年之家"3.2 万个,受益老年人超过 3000 万人,促进了社区老年教育的发展。《国务院办公厅关于印发〈老年教育发展规划(2016—2020 年)〉的通知》(国办发〔2016〕74 号)提出:优先发展城乡社区老年教育,完善基层社区老年教育服务体系,建立健全"县(市、区)—乡镇(街道)—村(居委会)"三级社区老年教育网络,方便老年人就近学习。

三是远程教育成为现代化老年教育的重要途径。《中国老龄工作七年发展纲要(1994—2000 年)》规定:"要充分发挥各类成人学校和广播电视等现代化传媒设施和手段在老年教育方面的作用。"1996 年,上海老年大学联合上海教育电视台和上海电视大学率先开办"空中老年大学",吸引了 30 多万名老年人参与学习。《中共中央、国务院关于加强老龄工作的决定》再次强调各地要重视发展老年教育事业,发展广播、电视、网络和函授教育。为此,上海电视大学于 2005 年开办了"网上老年大学",更好地保障了老年人的受教育权,使各地老年人足不出户即可开展学习和接受教育。2011 年,上海电视大学联合上海老年大学开办了老年学历教育。2020 年,面对突如其来的新冠疫情,许多地方老年大学开设线上教学,让老年人享受到了"时时可学、处处可学"的网络信息便利。

除了上述三种模式外,我国还有其他的一些模式,如:有依托大学开办的老年教育,还有依托图书馆、博物馆和大型企业等机构进行的老年教育,也有依托社会力量举办的民办老年教育。同时,老年人就近利用公共场所和设施,自发开展丰富多彩的老年教育活动。大型企事业单位、民间组织以及各种非营利性公共文化机构通过举办各种讲座、学习班、报告会,开展多种形式、生动活泼的老年思想教育活动,丰富了老年教育的形式和内容。这些模式或形式是对我国老年教育事业的重要补充,对我国老年教育的发展起着重要的推动作用。

(四)中国老年教育法律法规

鉴于国情,我国是先产生现代老年教育机构,再制定一系列的相关法律法规。如果做简要梳理的话,最早在《中国老龄工作七年发展纲要(1994—2000年)》《中华人民共和国教育法》《中华人民共和国老年人权益保障法》等一系列法律法规中已逐步明确,让老年教育走向依法办学的阶段。2002年党的十六大提出了"全面建成小康社会"的宏伟纲领,强调要形成"全民学习,终身学习的"学习型社会。老年教育是终身教育的最后一个环节,在建构终身学习、学习型社会中不可或缺,党的十六大促进了我国老年教育的深化发展。2006年的十六届六中全会上强调"建设现代国民教育体系和终身教育体系,保障人民享有接受良好教育的机会"。这些会议精神对推动老年教育深化发展有着重要的作用。2006年《中国老龄事业发展"十一五"规划》要求"各级政府要继续加大对老年教育的资金投入,同时动员社会力量,因地制宜地办好老年电视大学"。2010年,中共中央、国务院发布了《国家中长期教育改革和发展规划纲要(2010—2020年)》,提出了"重视老年教育"的要求,这对于老年教育有着根本性的重大意义。纲要指明了我国老年教育的发展方向,未来十年我国的老年教育有着清晰而明确的发展路径。在纲要的指导下,老年教育逐步形成新的发展格局。

2014年,中国政府开始编制《老年教育发展规划(2016—2020年)》,于2016年颁布施行,这是老年教育事业正式上升到国家政策层面的一次宣示。2016年3月,《中华人民共和国国民经济和社会发展第十三个五年规划纲要》明确提出"发展老年教育"。老年大学教育作为政府向公民提供的基本公共服务,正逐渐成为体现社会文明进步的重要标志。中共中央及各级政府对老年大学教育的重视和投入程度正在稳步上升。2017年,《国家教育事业发展"十三五"规划》提出要丰富老年人的精神生活,发展老年教育,制订老年教育机构基础能力提升计划,基本形成覆盖广泛、灵活多样、特色鲜明、规范有序的老年教育新格局。这些政策的发布与实施,使得我国老年教育进入繁荣发展阶段。

纵观中国老年大学的历史发展过程,在国家政府层面得到了支持,很大程度上促成了中国老年大学规范化的快速发展。在省会城市、大城市及经济较发达地区建立起来的示范校,很好地将一套较成熟和稳定的办学模式在各自地区内逐步推行,带动了地区内老年大学群体的建立和发展。随着时代的不断前进、老龄化程度的不断加深和老年人需求的不断演化,中国老年大学从规范化、整体性发展阶段迅速过渡到现代化建设阶段,在办学理念、办学设施、课程设置、教学手段、教学管理和后勤保障等诸多方面达到先进水平。中国老年大学协会(CAUA)在2014年底完成的课题研究"中国老年大学教育现代化指标体系设计"对老年大学现代化的进程形成宏观的规划,对老年大学各方面的现代化提出了量化指标。由此,中国的老年大学将在追寻现代化的道路上继续前行。

(五)中国老年教育课程设置

《中国老龄工作七年发展纲要(1994—2000年)》提出"老有所养、老有所医、老有所为、老有所学、老有所乐"的目标,成为我国老年教育的课程建设方向。《关于加强老年文化工作的意见》进一步提出

"在课程设置上,要满足老年人的需要,因需施教,在教学方法上,要灵活多样,体现寓教于乐"的要求。在这些政策精神指导下,我国老年教育课程建设呈现多元化趋势。它引导着老年人崇尚科学、破除迷信,使他们进入科学文明健康的老年生活,提升思想文化素养和丰富老年社会生活。

《中国老龄工作七年发展纲要(1994—2000年)》提出:"广泛开展以老年自我保健、疾病防治知识为主的老年健康教育,给予指导和服务,使广大老年人掌握基本的保健知识。""农村要重视对老年人开展种植、养殖、加工等方面的科技教育。"因此,在课程实践中,健身操、太极拳、绘画、唱歌、舞蹈以及实用知识等课程开设非常多,而且很受欢迎。与此同时,随着科技的发展,一些高科技课程和提高老年人生活品位的课程进入老年教育领域,如电脑编程、陶艺品鉴等。从内容上看,中国老年教育的课程主要是健身休闲类的,如健身操、太极拳、绘画、唱歌、舞蹈等。此外还包括一些生活知识和时事新闻类课程。此外,有些地区积极探索养教结合新模式,推进养教一体化,推动老年教育融入养老服务体系。通过开设课程、举办讲座、展示学习成果等形式,丰富住养老人的精神文化生活,提供康复教育一体化服务。

中国老年大学协会于2010年和2013年两次对我国各老年大学课程设置情况做了调研。在此基础上,有关老年教育专家提出了"参考高校的分类,但不照搬高校的分类",根据老年教育的目的和"以老年人为本"的办学宗旨,创立适合我国老年教育特色的课程体系。这一课程体系一共设置了社会科学类、书法类、美术类、声乐类、器乐类、信息技术类、医学类、健身类、文学类、历史地理类、农学类、舞蹈类、戏剧类、生活艺术类、语言类15种学科门类。这是从老年人学习、生活和发展的需求着眼的一种切合实际的分类方法,既涵盖了各级老年大学对课程资源的需求,也为老年大学办学留下了个性化发展的空间。

中国的老年大学有着庞大的课程体系。据不完全统计,有各种专业课程 350—400 门,涵盖 15 个学科领域。其中,歌舞器乐类课程、书法绘画类课程、保健养生类课程较受老年人欢迎,所占的比例也较大。近年来,老年大学为了让老年人跟上时代的步伐,掌握享受社会科技发展成果的必要技能,不断加强诸如计算机、互联网、摄影摄像、智能手机等相关课程的开发,增设了现代科技、计算机、法律、财会、金融、外语等应用技能型课程和自我发展型课程。在专业学制上设立了初级、中级、高级和研究(拓展)4 个教学层次,有些地区面向学员实行课程分流制度和"学分银行"制度管理,推行"弹性学制",并规定学员结业和毕业制度等等。

(六)中国老年教育办学效益

我国的老年大学基本实行普惠制。因此,总会出现"一座难求""门庭若市"的社会现象。这说明两个问题:一是中国老年大学是面向所有老年人的,是讲公平公开的;二是老年教育仍是"稀缺资源",供给侧的矛盾仍较突出。从目前办学效益来讲,我国老年教育社会效益的作用不可低估。

一是社会稳定是形成社会效益的条件。老年大学对稳定社会是有一定作用的,主要体现为提高老年人综合素质,促使其重新融入社会,老年人不但不会被社会排斥,还影响带动子女、亲人、家庭、社会关系和睦相处、安居乐业,有助于形成和谐社会。二是民族的、传统的优秀文化是认同当今社会的重要基础。中华传统文化源远流长,以国学为核心的传统文化课程一直是老年教育的主打课程,老年人在学习过程中起到了传承载体作用,优秀传统文化得以在家庭和社区进行代际传播。三是社会凝聚力的形成和强化,是以人的个性自由全面发展为前提的。在中国,老年大学为老年人个性发展提供了机会,为其填补了年轻时的发展空白,让无数老年人圆了大学梦,享受了人生的第二个春天。四是老年人老有所为、大器晚成,实现了人生价值,并积极回馈社会,特别是中国老年大学系统定期不定期的展示活动和比赛项目,提升了影响力,促进了两个文明建设。

四、中外老年教育比较分析

(一)中外老年教育各自的长处和短处

一是从老年教育起源看。国外老年教育最初是以社会福利的形式出现的,为了解决有关"福利"问题才制定了相应的老年教育政策。我国的老年教育,起源于国家的老干部退休制度这项人事政策。由此可见,中外老年教育都走过一段"功利化"道路。老年大学发展到一定时候,中外都认识到老年教育属于终身教育一部分,它属于"人们在一生当中所受各种教育的总和,是人所受不同类型教育的统一综合"。尽管老年教育区别于正规教育和学历教育,但仍属于老年人进入社会后的一种教育类别,是有选择、有组织、有系统的学习活动,不是为了获得学历,而是为了提升生活质量和生命价值。在我国,老年教育的"功利化"思想和做法在相当多地区仍然存在,这是需要引起各级政府和老年教育界重视并要解决的问题。

二是从老年教育价值观看。国外老年教育中将满足社会需要作为老年教育政策价值取向是非常普遍的,西方国家老年教育倾向于社会参与,重视老年人的职业发展。我国老年教育从早期的闲暇教育到终身教育理念的转变,展现了我国老年教育价值从满足精神生活向满足老年人精神与现实双重需求的升华。老年人的自我完善和社会参与是老年教育十分重要的价值取向。人的自我完善包括生理、心理和社会三个方面,这对于老年人的自我完善是非常重要的内容。教育能使老年人保持健康积极乐观的精神面貌,提高自我保健能力和对社会变化的适应能力,实现老年人的自我价值。同时,对各个年龄组的人来说,参与社会活动是必不可少的,老年人对自身发展、家庭生活、社区管理和社会服务的参与,都能体现出老年人的社会价值。

在老年教育价值认识上,许多发达国家主要强调和呼吁消除对老年人的歧视,指出老年人是社会宝贵财富,要给予老年人更多的尊重和关怀。这也是老年人作为社会公民的基本权利。人人都会老去,变老是一种人权。老年大学应该反对年龄歧视,反对把老年人另类化、边缘化和等级化,要给任何一位老年人学习、参与、共享社会进步成果的平等机会。中国在人口老龄化的背景下,老年人平等问题成为一个严峻挑战,体现在中国的老年教育均等化上同样是个难题,关键是投入不够、教育资源缺乏,向社会所有老年人开放还有待时日。

三是从老年教育办学体制看。国内外老年教育办学模式多元化是既成事实,且逐渐走向专业化、科学化。国内外老年教育的办学主体也趋于多元化,主要体现为办学机构的多样化。国外形成了第三年龄大学、高校中老年教育和老年人自发组织的老年教育办学模式,其办学条件一般不存在"大起大落"，相互间相对平衡。我国形成了老年学校教育、老年远程教育和社区老年教育等老年教育办学模式，但老年教育仍处于初创时期，比较依赖政府资源供给，普通高校对老年教育的介入力度低，吸纳公益机构、志愿者团体、非政府组织、社会工作者以及民间资金等各种社会力量参与较少，乡镇社区的老年教育机构普遍薄弱。我国的老年大学在校人数很庞大，但由于人口基数太大，使得毛入学率非常低，在 4% 左右，比起欧洲 8% 来说偏低。中国部分地区老年大学的办学条件在世界上是超前的，但从广泛性来说，地区之间是很不平衡的。

四是从老年教育法律法规看。国外老年教育的保障制度趋于法制化和正规化，而我国老年教育办学模式的确立和保障还停留在纲要、通知、条例、规划、计划、意见等指导、鼓励、号召等层面，导致严肃性和强制力都不足。虽然国家层面基本形成了以《宪法》为基础、以《老年人权益保障法》为主体、以《教育法》以及地方法规为补充的老年教育法律体系，但缺乏对老年教育宗旨、原则、职能、投入、教育内容和模式、运作等一系列问题的认定，忽略了老年教育的整体性，存在缺乏相应建设标准、责权不明、可操作性差等问题。

五是从老年教育课程设置看。国外的老年教育根据不同年龄段学员的特点和面临的实际问题设置课程，非常具有针对性。在退休这个重要的转折点，为老年学员提供生活方式和思维方式等方面的调整。整体上来说，外国老年大学依靠高校办学的学术倾向性较强，我国的办学内涵特别是教育的学术层次较低。我们还存在课程设置随意，缺少顶层系统科学设计，有组织的开发不够等问题。课程设置的背后是缺少老年教育科学规划人才、缺少专业师资队伍、缺少课程资源统筹等。

六是从老年教育办学效益看。老年大学办学只有在数量、质量和适应性上与社会的要求相契合才能使效益得以实现。如果学校在一定的投入条件下产出数量很多，但质量不高、适应性不强，则数量越多，浪费越严重；如果质量很高，但适应性不强、产出数量不足，对社会同样是一种浪费；如果适应性很强，但质量欠佳、产出数量不足，也难以体现学校办学的价值。因而，三者是紧密联系的，数量的对比关系是办学效益产生的前提，一定的质量要求是效益产生的基础，一定的社会适应性是效益的质的规定性，办学效益体现了数量、质量、适应性三者的统一。相对来说，国外老年教育的质量、适应性略高，数量略差。我国的老年教育在数量上占优，但在质量上偏低，适应性略差，例如开设的课程、学制、教学大纲教材、管理制度、考核和评估标准都没有全国统一的规范要求。学员需求的差别、地域文化的差异、办学条件的不同，加上法制的不完善和办学体制的不统一，各地办学、教学水平差距非常明显，反映在社会效益上极不平衡。

(二)学习和吸收国外老年教育先进经验

1.建立健全法律法规

欧美国家的老年教育发展较快得益于他们具有相当完备具体的法律法规，从老年教育的管理体制、学习渠道和教育形式、保障措施方面都做了明确的规定。而我国的老年教育在立法上相对比较薄弱，还未形成法律法规，管理体制、经费来源、发展规划等基本问题还没有完成顶层设计。法律法规是发展老年教育的"硬"道理。通过中外对比，借鉴国际经验，首先要从健全法制着手，完善法律法规。许多教育人士呼吁并积极推动修改完善《教育法》，建议将老年教育写进国家教育法,还老年教育一个合法的地位。老年教育应由谁来领导的问题,各地的提法不一样。老年教育本质上姓"教",但又涉及老龄工作部门、文化部门等,这就决定了老年教育是多部门齐抓共管的事业。因此,我国老年教育在领导体制上必须建立由政府牵头的跨部门的统一的协调机构。这个统管机构应明确职责,分工合作,齐抓共管。

2.高校和职业院校参与,社会广泛支持,拓展多元办学渠道

中外老年教育的经验表明,随着老龄社会的加快发展,老年人入学的数量与日俱增,老年教育的任务越来越繁重。各国采取了多元办学的途径、多路并进的渠道,既有政府创办老年大学,又有社会办学;既有高等院校办老年教育,又有企业创办老年学校;既有网络媒体开办的远程老年教育,又有社区组织的长者课堂、专题讲座等教育活动。我国老年教育面临的形势是:老年人口多,渴望接受教育的离退休老年人急剧增加,有限资源与无限生源之间的矛盾越来越突出。在这样的情势下,必须借鉴国外的经验,广泛调动社会力量,整合社会办学资源,采取多元办学的渠道。高等院校优秀的专业师资正是老年大学发展过程中急需的教学管理资源,因此鼓励高校参与老年大学建设是我国老年大学专业化发展的便捷途径。"校中办校"不仅可以接纳更多学员入学,更可以保障学员接受良好的专业教育。仅靠政府单方面支持已很难满足与日俱增的老年教育需求,我国老年大学的发展必须面向社会、借力社会,寻求多渠道支持。老年大学可联手社区,与社区互助合作,开展课程或活动进社区、开办以社区为核心的学习小组或以其他方式指导社区老年教育工作,让老年人在家门口就能学到喜欢的课程。

3.加强老年教育规范化建设

我国的老年教育经过 40 多年的艰苦探索和蓬勃发展,虽然取得了辉煌的成果,但是要解决的问题还很多。全国各级老年大学(学校)没有统一的设课规定,没有统一学制,没有统一的大纲教材,没有统一的管理制度,没有统一的考核和评估标准。学员的满意程度处在低层次的标准上。由于学员需求的差别、地域文化的差别、办学条件的差别,加上法制的不完善和办学体制的不统一,各地办学、教学水平差距非常明显。因此,当前在狠抓老年教育普及发展的同时,应重视加强质量建设,而质量建设应从加强规范化管理入手,尤其要加强教学管理规范化。只有规范发展,老年大学(学校)才有质量保证,才有生命力,才有发展前途。老年大学规范化建设是一项系统工程,首先要在全国开展创建示范老年大学活动,在创建示范老年大学中积累规范化办学的经验,并加以总结提炼。在此基础上,围绕硬件建设和教学与管理的各个方面、各个环节,系统并分类制定规范化管理的各项制度规定和要求,明确规范化管理应达到的标准和条件(区分学校层次),按照评定标准进行考核检查评分。经过检查未达到标准和要求的要明确努力方向,针对不足进行整改,加以完善。通过规范化建设,逐步做到科学设置课程、落实按纲施教、施行教学常规、增加教材教量、优化教师队伍、完善教学评价等,推动教学质量的提高。

4.科学系统地进行课程设置

如前所述,美国的老年教育包括退休前准备教育、退休后的教育以及如何对待衰老和死亡的教育,根据各个不同阶段对象的特点和需要设置课程。英国老年教育的课程内容不局限于学习各种知识,更注重对老年人社会经验的发挥,以老年人主动参与为原则。日本社会在老年教育中使用了一个更中性且略带尊敬的词语"高龄者",在正式课程以外,好多面向老年人的学习活动都带有庄重的"仪式感"。

因此,中国的老年大学要逐步走出功利化的"围城",重视课程设置的思路和途径。如在课程上做到量变(课程的广泛开发)到质变(课程的深度满足),重视课程设置的宽度、梯度和前瞻性,重视将老年人缺乏性课程设置与成长性课程设置相结合,既满足缺乏性学习需要的适应性课程设置,又满足成长性学习需要的引导性课程设置(前者属于精神文化需求的"补缺",后者属于精神乃至生命的"成长")。适应性课程,是针对老年人感受到自身知识结构缺乏的现代知识和现代社会生活技能需要而设置的。引导性课程,是针对老年人生命成长、提高生命质量而需要学习的课程设置,其特点在于:老年人本身对此没有感受,暂时没有学习愿望,但经引导而进入这类课程的学习,就体验到课程学习对生命成长的重要性。

五、结论

鉴于各个国家的国情不同,本文将中外老年教育加以客观比较,以达到认识老年教育的本质和规律并做出正确评价。比较不是为了褒贬,不是为了比个高低,而是从数量上和质量上展示和说明中外老年教育规模的大小、水平的高低、速度的快慢,以及发展是否协调,以此达到取长补短、共同发展的目的。

发表情况:《金陵老年大学老年教育研究(2022)》。

后　记

这是一本理论专集,在我校历史上属首次编写出版。

这是一本老年教育理论专集,源于本校的办学实践,准确地说,其所涉的老年教育理论,是"从实践中来,又到实践中去"的。

这是一本创新的老年教育理论专集,坚持问题导向,敢于提出和剖析问题,善于回答和解决问题,甚至涉及老年教育界尚未提出或解决的部分问题。

这是一本团队合编的创新的老年教育理论专集,参与者有新老教育工作者,他们中有长期从事教育工作的专家学者,有从事中层管理的行政工作者,更有从事老年教育一线教育教学工作的普通教师。

平心而论,编写理论专集并不是我们刻意而为,而是顺势而为的"自然产物"。具体表现为:一是老年教育的办学实践,让我们深感老年教育的重要价值和神圣使命,要求我们从办学理念出发,一切为了培养老年人;二是在长期的课改中,我们坚持将理论研究与教育实践紧密结合,及时总结实践中的经验和教训,努力撰写理论研究文章及体会;三是思考研究的人多了,积极实践的人多了,理论研究的积累也随之多了,真是应验了"积少成多"和"聚沙成塔"的谚语。这本理论专集由此"应运而生"。

我们希望通过编写本书，为老年教育理论研究事业"添砖加瓦"，贡献一份绵薄之力。本书选题紧扣时代脉搏，关注老年群体的教育需求和老年教育发展趋势；本书分别从建设标准化、课程系统化、校园人文化、教师专业化、教学规范化、教材多元化、办学集团化、视野国际化八个角度，较系统地阐述了老年大学办学的基本问题；本书融入了本校自身的办学实践经验和反思，具有一定的创新性和参考价值。

为本书提供理论研究成果的人员有（以姓氏笔画为序）：丁皓、丁晨玥、王文倩、王亮伟、朱军、李秉璋、陈朦、范炎培、周苗、施晓征、姚梦婕、夏芸、徐晨钰、高燕婷、蔡薇、薛二伟、魏平等。编者对文章内容和形式做了必要修改和调整，并删除了相关注释及文献出处，以使内容更加简练。如涉知识产权问题，均以原文为依据。

本书曾于 2023 年 10 月以"为了培养老年人——一所老年大学的视角"为标题，作为内部资料发行。2024 年 3 月被列为江苏省教育科学规划委托课题"老年教育机构建设指南研究"中的研究成果。

本书在编写之际，得到了常州市教育局、常州市老年教育发展中心、常州老年大学校领导和同事的支持与鼓励，得到了浙江工商大学出版社领导和编辑的关心与帮助，在此向他们表示最衷心的感谢！因时间仓促、水平有限，错误在所难免，恳请专家与读者给予批评指正。

编者

2024 年 4 月